パパ、どうしてお仕事いかないの？

望月昭
Mochizuki Akira

幻冬舎

パパ、どうしてお仕事いかないの?

CONTENTS

ブックデザイン　守先正＋山原望
イラスト　細川貂々

息子が生まれてから
ツレは10kg太った
いーの全然
気にしない
あと
5kg
やせた方が
いいですね
努力
します
美人の保健師さんに
注意されたら
気にするようになった

僕は今、川沿いの町*で、漫画家の相棒に支えられながら二歳二ヵ月になるコドモを育てながら暮らしている。四十五歳になる中年男だ。

実は先月、テレビ*に出演する機会があった。

NHK教育テレビの「まいにちスクスク」*という五分間の番組だ。

出演といっても、プロデューサーとカメラマンが我が家に来られ、僕とコドモの日常を撮影していった。それを編集して番組が作られたわけである。

内容は「パパ中心の育児」という点に焦点が当てられたものだったように思う。

テレビ画面を通して自分自身の姿を見たが、まことにカッコ悪いものであった。

なんというか、この二年間で自分はすっかり変質していた。コドモに振り回され、コドモに吸い取られ、自分の身だしなみなど気をつかう余裕もなく、適度に肥えて社会性を失っている様子だった。

それは、家庭の中で家族を支える主夫として、陰の働きに徹していた者の宿命なのかもしれなかった。

「うむ、しかしそれも良いだろう」

と僕は考えた。僕はこの二年間「僕自身のことはどうでもいい、コドモと相棒をどこに

*川沿いの町
旧江戸川沿いの千葉県浦安市。川を越えた向こうは東京都江戸川区。うちの近くで江戸川から小さな支流が分かれていて、それは境川という名前がついています。境川は浦安市内を流れて、東京湾につながっている。もっとも旧江戸川も東京湾に注ぎ込んでいるので、どっちに流れても行くところは同じです。この川沿いの町に越してきて四年半会社員をやった。そのあと三年、うつ病の闘病生活をやり、一年のちに息子が生まれて専業パパをやってます。

*NHK教育テレビ
日本の国営放送の「総合」ではないほうのテレビ局。関東地方では3チャンネル、関西地方では12チャンネルだった。チャンネルの数字はアナログ放送のものなので、もう通じなくなるんでしょうね。新しいデジタルでは21～23チャンネルだ。ところで、この放送局、「教育テレビ」という名前でずっと親しんでいたのに、NHKのサイトで

出しても恥ずかしくないようにする」と考えて生活してきたのだった。だから、思ったとおりになっているわけだ。

乳児を育てたこの二年間は、主観的にはとても長かった。それまでのどこかカッコつけていた自分をすっかり失ってしまうほどに。闘病の三年間も長かったし、そのあとの回復の一年もそれなりだったが、それにも増して育児の二年間は強烈だったと思う。

齢《よわい》四十目前にして、うつ病のために社会人をドロップアウトした僕は、いつしか自分が考えてもみなかった彼岸にまでやってきていたのだ。ここはいったいどこなんだろう、そして、このブクブク肥《ふと》った布袋様《ほていさま》*のようなオヤジはいったい誰なんだ?

コドモは今月(二〇一〇年四月)から、週三回保育園に通うようになった。

保育園に通わせない場合、三歳になると幼稚園に通わせるというケースが多いようだが、うちの場合は二歳になったところで共同生活に放り込んでやったわけだ。

これはもちろん、本人の資質を見ながらそういうことになったのだが。

人見知りがほとんどなく社交的で、同世代のコドモと遊びたがること。しかし偏食がひどく、親が強要しても見知らぬ食材に尻込みすること。この長所と短所を踏まえると、同世代のコドモと一緒に遊んで食事をするのがいいんじゃないかな、と考えたからだ。

確認したら「Eテレ」と書いてあった。そういえば番組の宣伝などでも「Eテレ」って連呼している。じゃあもう「教育テレビ」じゃないのかな。番組を撮影したときに担当した会社は「NHKエデュケーショナル」という名称だった。「教育テレビ」と「Eテレ」の中間みたいな感じだ。

*「まいにちスクスク」
「すくすく子育て」という三十分番組もあって、そちらのほうがメイン。「まいにちスクスク」は五分間の番組で、ちょっとした小技の特集とか、そういうものが多いようです。

*ブクブク肥った布袋様
布袋様というのは、七福神のうちの一人だが、ぷっくりと肥った中年の男の神様で、ちょっと親しみやすい。袋を持っていて、その袋の中には家事に必要なものが入っているのだそうだ。そうか、すると「主夫の神様」と言えなくもない。

コドモが保育園に通うようになると、保育者である僕にも時間的な余裕ができる。今まで朝四時に起きて、コドモが起きてくるまでの二時間で片付けていた経理事務や、ちょこちょことした文章書き（このエッセイを書いていることなんかも）にも、堂々と昼間の時間を費やすことができるようになった。

漂白剤を使って掃除*することもできるようになったし、買い物や銀行回りも単身で行ける。電話の最中に大声で邪魔されることもなくなった。つかの間の自由だ。

もちろん、その自由は午後四時に保育園のお迎えに行くまでの間だし、毎日というわけじゃない。コドモがいなかった時代と同じに戻ったわけではなく、量的にはほんのちょっとに過ぎないんだが、精神的にはずいぶん余裕が出てきた。

「また新しい時代が始まったのかもしれないな」

と僕は思った。相棒もたぶん、そう思っているだろう。

自分がいなければ生きられない乳児だったコドモは、いつしかいなくなり、元気でヤンチャで何をしでかすかわからない幼児のコドモが出現している。幼児は手元に置く限り、目を離せない存在ではあるんだが、他のコドモと一緒に預けるということもできる。

親である僕たちも、コドモの成長に合わせて立ち居振る舞いを変えていかなければなら

*漂白剤を使って掃除
主に塩素系の漂白剤のことです。商品名で言うと「カビキラー」シリーズとか、「キッチンハイター」の液状のものになります。こういうものを使うと、僕は鼻の粘膜が弱いので、匂いを嗅ぎ続けると鼻水が止まらなくなる。喉の弱い相棒は咳が止まらなくなり、そのまま熱を出したりもする。なので、二人の血を引く息子は、特にまだ幼いコドモでもあるので、漂白剤を使うときは本人を遠ざけ、十分換気をするように注意しております。

ない。それはある意味、慣れ親しんだものとの決別であり、少しだけ寂しいことだったりもする。

僕は僕で、すっかり失ってしまった社会性を少しずつ取り戻していかなければならないだろう。いや、「まいにちスクスク」の「まとめて再放送」を見ていたら、僕の前に登場した三人*は揃ってカッコ良かったんだよ。それは職業が俳優さんだったことと、僕よりもずいぶん若かったこと、それからコドモが少し大きかったせいもあるんだろうけど。

*僕の前に登場した三人
つるの剛士さん、小林顕作さん、菊池麻衣子さんである。直後に金子貴俊さんや乙武洋匡さんも出ている。そんな素敵な人たちと比べてしまうと、ちょっと頑張れよ自分、と思ったのでした。

ここにいれてくだしゃい
ここにいれてくだしゃい
どんどん
いつになったらゆっくりトイレに入れるのかな…

二歳の誕生日の前後に、二語文*というスキルを獲得したうちのコドモであるが、それから三ヵ月が経《た》つ。いやもう、すごい。コトバの能力はぐんぐん伸びてきた。たぶん、発達の水準からいうとあいかわらず「標準」からは「三、四ヵ月遅れ」なのかもしれないが、もうそんなことは気にならない。日々の進歩、一週間の進歩、一ヵ月の進歩がぐいぐいと鮮やかなものなので、なんかもう大丈夫って感じがするのです。親の立場として。

さて、前回のこのエッセイにも書いたのだが、うちのコドモは四月から保育園に週三日通うようになった。二つの園の掛け持ちなのだが、どちらの保育園に行くことも大好きなようで、保育園のある日の朝に「今日は保育園だよ」と声をかけると「うれしいよ～」と言いながら起きてくる。

以前から通っていた保育園は「バスの見える保育園」で、新しく通うようになった保育園は「電車の見える保育園」ということになっている。

この「バスの見える保育園」は、我が家からやや遠い。なので雨の日はちょっと大変だ。あるとき、朝から横殴りの雨で、さらに「午後にはもっとひどくなる」という予報だったので、僕としては「今日は休んでもいいかな～」と考えたりもしたのだが、コドモはちゃ

＊二語文

それまで単語でしか意思表示をしなかったコドモが、二つの単語を使って、欲求や動作を表現する段階のこと、らしい。いつも書いていることになってしまうのだが、母子手帳に書かれていた（例）には「わんわん　きた」「パパ　かいしゃ」と書いてあった。「わんわん　きた」は主語と述語の関係なのでストレートだと思うのだが、「パパ　かいしゃ」は一般的な例として挙げるのは「どうなんだろう?」と思ったのだった。だって「パパ」が「会社」なわけじゃなくて、たぶん「パパは会社に行っていて今ここにいない」という「不在・存在の欠如」についての報告なので、表現としても思考過程としても相当に高度だ。もう一つ言えば、例としては家庭の労働形態を特定しすぎているよね。「パパ　おみせ」とか「パパ　バイト」と比べてみるとよくわかる。

っかりと靴を履いて「いかないの？　ほいくえん。いきたいよ」などと発言していた。

この日は苦労して連れて行ったのが正解で、雨で外遊びはできなかったものの、迎えに行ったら男の子三人で部屋の中を楽しげに走り回っている様子だった。家にいたら、さぞかし機嫌が悪くなっていたろう。

それでまた、保育園でも色々なコトバを覚えてくる。

「じゃんけんぽーん」

と、ジャンケンのなんたるかも知らないくせに、掛け声だけはうまくマネしている。

「パパが、おかあさん」

と言っていたこともあった。

これは我が家では僕が主夫をしていて、お母さん的立場だということを指摘したのかと思ってビックリしたんだが、どうやらそういう意味ではないらしかった。

続くセリフが。

「ちーとくん（コドモの一人称）が、おとうさん」

というものだった。女の子と「ままごと遊び」をして、お父さんの役割を振ってもらったことが嬉しかったらしい。自分が同じ役割をしたいので、僕に「おかあさん」の役割を振ったということのようだ。

そのように、自分に架空の役割を振ることができるという「模倣《もほう》」の遊びも始まっている。フランスの哲学者ロジェ・カイヨワ＊は、人間の遊びの四要素は「模倣」「競争」「賭け」「めまい」だと分類したが、二歳児の遊びは「模倣」が八割を占め、あとはおっかなびっくり「すべり台」をすべる程度に「めまい」を楽しんでいるようだ。もっとも、「模倣」が始まる前は「カシャカシャした音が好き」とか「ぴかぴか光るのが楽しい」というような「感覚的」な遊びが主だったから、それらもカイヨワの分類でいうと「めまい」に入るのかもしれない。遊びは原始的な「めまい」に始まり、「模倣」を経て、さらに他人と競う「競争」や、偶然性を楽しむ「賭け」へと広がっていくのだろう。

さて、コトバの話に戻ろう。

うちのコドモのお喋《しゃべ》りも、オウム返しのような水準からずいぶん人間らしくなってきた。いちおう意味も理解しているらしい。でも理解していなくてもそれらしいことを言うときがあって、そのへんの区別は日々付き合っていないとわかりにくい。

全然ダメなところを書いてみよう。コドモは、まだ基本的な指示詞をきちんと理解していない。だから「どれ？」「どっち？」に対して「これ」「こっち」という答えはできるものの、「あれ」「あっち」「それ」「そっち」というのは出てこない。

＊ロジェ・カイヨワ
フランスの哲学者。『遊びと人間』という著書で、人間がすることの「遊び」を四つの要素に分析した。そもそも『遊びと人間』は、オランダの歴史家ヨハン・ホイジンガという人の著した『ホモ・ルーデンス』という本の内容に影響を受けて書かれたものらしい。「ホモ・ルーデンス」というのはラテン語で「人は遊ぶ」という文章だ。でもカイヨワの分析に使われている四つの分類の用語、模倣（ミミクリ）、競争（アゴン）、賭け（アレア）、めまい（イリンクス）というのはなぜか古代ギリシア語だったりする。ラテン語とか古代ギリシア語が出てくると、いかにももっともらしいが、ちょっと難しい感じもします。まあ学問にはそういうことも必要なんだろう。

そして、「だれ？」というコトバも使えない。そのために保育園から帰ってきたコドモに「おともだち、だれ？」「だれ先生？」などと聞いてもキョトンとしている。あるいは「おともだちは、だれ！」「だれせんせい！」と反復されてしまう始末だ。「だれ」という指示詞がまだ頭に入っていないのだ。

また、自分のことを指す一人称は、今のところきちんと理解して使えているのは「ちーとくん」というもので、主に所有を示す「の」と一緒に使っている。

「ちーとくんの、ぼうち」「ちーとくんの、うあぎ（上着）」というように。

この一人称に、動詞をあしらって使うこともできる。

「ちーとくん、たぺるよ」「ちーとくん、あるくよ」

この「ちーとくん」のところが「パパ」や「ハハ（相棒のこと）」と入れ替わると、僕たちの行動を示したり、あるいは僕たちにそうして欲しいという希望を伝えているときもある。いわゆる「話者の意志を示す未来形」のようなものだ。

「パパ、テレビつけるよ」「ハハ、たぺるよ（ハハに食べさせて欲しい）」

もちろん、希望を伝えるときには命令形も使っている。

「あけて、しめて！」「いかないで！」

「ここに、いれて、ください！」（なぜか「ください」という丁寧な命令語も使う）

一人称は「ちーとくん」の他に「わたし」「ぼく」「おれ」などを聞きかじりの猿真似で使ってみたりすることもある。

でも、だいたいそういうのは、妙な具合に勘違いしているんだけど。

あと、まだ理解できていないのが「あいさつ」の使い分け。

コドモは、「あいさつ」というものが時間によって変化するものだということには、いまだ気づいていない様子だ。だから午後や夕方にも平気で「おはよ〜」「おはよごじゃいます」と言っている。「こんにちは」「こんばんは」と直されると「おかしいね〜、すいませんごめんしゃい」と、知っている限りの「あいさつ」（と理解しているらしいもの）をサービスで言ってくれるのだが。しばらくは「さむいね〜、あったかいね〜」とお天気のことも（内容を理解せずに）口にしていた。

そしてコトバにどんどん意識が行くようになると、今までテキトーに歌っていた童謡の歌詞も、それらしく聞き取って歌うようになった。『証城寺《しょうじょうじ》の狸囃子《たぬきばやし》』*が好きでよく歌っているのだが、最初の部分と繰り返しの部分の歌詞の微妙な違いもきちんと歌い分けている。しかし、以前鼻歌だったときはとても音感が良かったのだが、歌詞をきちんと歌うよ

＊『証城寺の狸囃子』
野口雨情作詞、中山晋平作曲の童謡。大正十四年に児童雑誌「金の星」に掲載。我が家には平井英子さんという童謡歌手の歌う戦前に吹き込まれたSP盤がある。このレコードは、たぶん作曲家の中山晋平さんがピアノを弾いているんじゃないかと思う。他に、小鳩くるみさんの歌った戦後に吹き込まれた盤のCD化されたものも持っていて、息子はこちらのほうがお気に入りだ。僕の祖母も、僕が幼い頃によくこの歌を歌ってくれました。この歌のモデルになったお寺は千葉県木更津市にあるらしいです。

うになったら、コドモらしい音痴な感じになってしまったのがちょっぴり残念かもしれない。

しかし、我が家に一人、怪しい日本語を使うヒトがいると、どうも影響を受けてしまっていけない。僕も気が付くと、うちのコドモと同じようなイントネーションで「あとで、たべるよ」「うたうよ、お・う・た」「パパ、トイレ、いくだけだから」などと、日本語が怪しくなり始めている。

すでにそうして、僕たち大人二人にも多大な影響を与え始めているところで「人間対人間」の関係が成立してきているのだろう。本当に、いつのまにか人間が出現してきている。そして、スクスクと、小さな葉やいびつな葉も交えながら、コトバの苗を伸ばしてきているのだ。今、何食わぬ顔で大人をやっている人々も、みんなこんな可愛《かわい》くておかしい幼児期をやっていたんだろうと思うと、実に実に不思議な感じがする。

いちごすきでしゅ
と言うが
いちごの形が好きなだけで
じゃ食べてみる?
いなないっ
絶対に食べない

四月から一ヵ月間、コドモの週三回の保育園通いが定着した。

「ほいくえん、いくよ、いくよ〜」

コドモは朝から喜びの声を上げている。週末を除けば、一日置きに保育園にお出かけである。保育園のある日は起きがけからもう嬉しそうだ。お友だちの名前も覚えた。

いや、だが、しかし……。

やっとリズムができあがってきたところで、大型連休である。

ペースを乱されることおびただしい。たった一ヵ月だが、大人のほうもコドモが一日置きに家を空けてくれるという安楽さに慣れてしまっている。コドモが終日家にいて、ひっきりなしに「おそと、いって、あそぶ」とか言われると、けっこうウンザリするのである。

しかし、考えてみれば三月以前はこんな調子でやっていたのだ。

まあ、連休の良し悪しは別*として、四月に年次が変わったところから、新しい生活を送っている人を連休という非日常で「揺さぶる」というのは、新しい生活により強力に馴染んでいくプロセスとしては、意味のあるものなのかもしれない。

でも、連休期間中がタイヘンだなんて。価値観というのは変われば変わるもんだ。

さて、うちのコドモであるが、いつの間にか立派な「幼児」になっていて、赤ちゃんら

*連休の良し悪しは別
大型連休の最後には「こどもの日」というのがついています。もう、これだけコドモに振り回されて、仕事が全然進まないよ。（この頃の僕は何の仕事をやっていたのかというと、三ヵ月後に出版される『育児ばかりでスミマセン。』の注釈作りをしていた。それからCD『ツレうつクラシック』のライナーノーツの執筆もしていた。けっこう仕事してんじゃん）それで、「こどもの日」なんて言われても……なんという皮肉なんだ！

しさはほとんど残っていない。ときどき「だっこだっこ」と、僕に「抱っこ」をせがむので、赤ちゃんのときのことを思い出すけど、重さもぜんぜん違う。あとは「入り口と出口」の問題だけだ。

……入り口の問題とは、寝るときにオシャブリ*を欠かせないこと。出口の問題とは、オムツが外れないことだ。オシャブリは寝るときだけだから、まあいいだろうと看過している。オムツも、まだ二歳になったばかりだから、とうぶんいいだろう。ただ「ウンチでたら教えてね」と言い聞かせているにもかかわらず、「ウンチでた」と言ってくるのは別のときなのだ。そこが問題……。

二年前の大型連休のときは、ようやく首がすわり、夜より昼のほうが活発になってきたという「生活リズム」が整い始めた頃である。でも深夜に一度二度は起こされるし、夕暮れになると一時間くらい大泣きされていて、もう本当に「育児たけなわ」って感じだった。そのときと比べると「雲泥の差」と言ってもよい。あのときドロドロ、今はポワポワってなもんである。あー、楽になったもんだ。

さて、先日のこのエッセイでは「これ」「こっち」以外の指示詞を理解していなくて、特に疑問を問いかける「だれ?」「どれ?」「どっち?」が抜け落ちていると書いたのだが、

*オシャブリ
我が家での呼び名は「ちくちく」。哺乳瓶メーカーNUK(ヌーク)社製のシリコンでできたおしゃぶりを使っていました。吸わせると口で「チュクチュク」という音が聞こえるので、それで「ちくちく」という呼び名になった。なぜか同じメーカーのゴム製のものをもう一つ手に持ち、シリコン製を吸いながらゴム製のもので鼻を押すというのがお気に入りのスタイルになっていた。ゴム製のおしゃぶりの呼び名は「はなちく」。

二週間でほとんど会得してしまった。

「ママって、だれ？」

「おふろ、いくの、だれ？」

「どこ、いくの？」

もうフツウに使っている。

もちろん、細部を確認していくと怪しいところもある。

「そっちのコップをとって」

「そっちのコップをとった」

というように、こっちのそっちが、そっちのこっちであることが理解できているわけではない。いや、ややこしいな。大人も混乱する。

あと、コトバ上の進歩では、二点くらい新しいところが出てきた。

一つは、親である僕たちが、わざと揺らいだ表現や、まちがったことを言うと、正しいものに訂正しようとすることだ。

「お水はつめたい、お湯はあったかい。お水はつめたい、お湯もつめたい……」

などと僕が試しに言ってみると。

「おゆは、あったかい、でしょ?」

と「×××でしょ?」と誤りを訂正しながら確認するというワザを覚えたようだ。まちがったことを二つ続けて言うと、混乱してしまうようだが。

もう一つは、ついに「おいしくない」というコトバを覚えてしまったこと。うちのコドモは偏食なので、この「おいしくない」というコトバを覚えられるとイヤだなあと思っていたのだが、ついに覚えてしまった。

以前は「おいし~い」と「いなない(いらない)」で、好き嫌いを言いわけていたのだが、ついに(聞いていると憎らしい)「おいしくない」を覚えて、口に出して言うようになってしまった。まあ、進歩といえば進歩なのだが、そうはいっても、食べ物を作った人間の立場から「おいしくないって言うのはダメ」と言い聞かせている。

お風呂には僕と一緒に入ることもあれば、相棒と一緒に入ることもある。湯船で遊べるオモチャ*を持って入り、温まったところで外に出して、体と頭髪を洗ってやる。そしてもう一度湯船に戻して、温まったところで上がらせる。湯船から出したところで、さっとバスタオルにくるんで、頭と体をごしごし拭《ふ》いてやる。

*湯船で遊べるオモチャ
　この頃気に入って遊んでいたのは、パイロットインキ玩具製の「アヒル隊長」というオモチャです。大きなアヒル隊長のうしろから紐が出ていて、そこに小さなアヒルの隊員がくっついている。隊員ごと紐をひっぱるとゼンマイが巻かれて、それを動力にしてアヒル隊長が足をばたつかせて、お湯の中を泳いでいく。隊員が慌ててそれを追いかける……というような様子が展開されます。隊長が「チキチキチキチキ」とお湯を飛ばして大きな音を出す割に前に進まないのもご愛嬌。

そして裸のまま床に置くと、ちょこちょこと歩いて台所のほうまで行ってしまう。もう一人のお風呂に入っていなかった親が、コドモを捕まえて、オムツを穿《は》かせパジャマを着せてやるんである。

まあ、歩けるようになってからはずっと同じような調子でやってきたのだが、さいきん湯船から出したところで、バスタオルで頭を拭こうとすると「みえない、みえない」と言うようになった。

確かに、タオルをかぶっているのだ。前も見えないだろう。だけど、誰も教えてないのに「みえない」と言うようになったのだ。ちょっと驚きだ。

もう一つ最近印象的だったことがある。やっぱりお風呂の話になるが、僕がコドモを湯船から出して、タオルで包んだとき、ごくたまに相棒に向かって「生まれましたよ～」と声をかけることがある。

もう二年も前のことになるんだが、コドモが誕生したとき助産師さんが、コドモを産湯に浸からせた直後に、タオルにくるんで歌うような言い回しで「生まれましたよ～」と見せにきてくれたことが印象的だったので、その誕生のセレモニー*をリプレイしてしまっている。

＊誕生のセレモニー
うちの息子は帝王切開で生まれてきたので、主に医師が施術に当たっていました。助産師さんたちは横で待機していて、取り出された息子を手渡されたところで、僕たち隣室にいた家族・親族のところに見せにきたわけなんだが、本来は助産師さんがいわゆる漫画の乱闘シーンのような「ドテポキグシャ」的なことをして、新生児を引っ張りだし、ヨレヨレになって抱き上げて「生まれましたよー」と言うわけなんです。助産という作業に必要な能力は、たぶん医師の持っている近代的なものと比べて、ずいぶん古代的かつ呪術的なものなのではないかと想像します。誕生の瞬間から、血のつながった両親でも家族でもない第三者の「取り上げババア(近代以前の助産師の俗称)」に「生まれましたよー」と抱きかかえてもらうのが人間なのだ。もっとも英雄とか教祖とか神秘的な人物になると第三者の立ち会いがないケースが多い。後述のお釈迦様もそうだが、イエス

とかジュリアス・シーザーとかも。これは彼らが俗人と異なるということを広めたいための演出かもしれない。

まあ、ときどき思い出したように、びしょ濡《ぬ》れのコドモをバスタオルごしに抱きかかえて「生まれましたよ〜」と言ってみたりしているのだ。

ところが、つい一昨日のことになるのだが、僕が「生まれ……」と口に出しかかったところで、コドモ自身が「うまれましましたよ〜」と若干まちがえた言い回しをしながら、タオルから抜け出て、歩いて行ってしまった。僕は大笑いをしたんだが。

あれから二年。もう自分で「生まれましたよ」と言うかキミは、と感慨を覚えたのである。

お釈迦様は生まれ落ちた瞬間に、天と地を指し、「天上天下《てんじょうてんげ》唯我《ゆいが》独尊《どくそん》」と「どこにも比べるものはいない僕だよ〜」と宣言したというが、うちのコドモも自分で「生まれましたよ〜」と言いながら生まれてきたのである。二年越しで（笑）。

保育士さん ←
アレルギーがないか知りたいので食べさせてください
えび
いか
貝
おそば
はいっ
どうやって食べさせたらいいんだぁー
しょーがないからムリヤリ口に押しこむ?
↑鬼ハハ

うちのコドモの偏食ぶりはひどい。

自分で進んで食べるものは、パンとゴハン、それからウドン。あとは納豆と煮豆くらいだ。菓子パンや饅頭《まんじゅう》、ケーキなどの菓子類は喜んで食べる。ジュースや乳酸菌飲料の甘いもの（ヤクルトとか）は喜んで飲む。

気分で口にするものは、玉子焼きや焼き芋、牛乳や豆乳、チーズや甘いヨーグルトなど。これらを揃《そろ》えても、まったく食べないときもある。以前は卵焼きの中に刻んだ小松菜を混ぜたりして食べさせていたが、最近その手も通用しない。

そして、肉、魚、野菜を材料にした、いわゆる「オカズ」をほとんど受け付けない。果物も食べない。バナナのみ少しだけ食べたりするが、いちごやリンゴは生はもとより、ジャムや煮たものでも拒否する。

パスタやチャーハンなど、炒め物もダメだ。無理に食べさせようとしたこともあるんだが、口の中に意に染まぬものを突っ込まれると、胃の中のものまで吐き出してしまう。

芋やチーズを食べている最中に吐いてしまうこともあるので、胃腸や喉が弱いことは確かなようだ。体質的に脂っこいものや、もたもたしたものを受け付けないということはあるのかもしれない。

そうはいっても、度を越した偏食というのは困りものである。

そもそも、食べないせいか成長も遅い。頭のほうは少し追いついてきたようだが、なにぶん小さい。二歳四ヵ月になるが、いまだに十キロに到達しない。まあ、小さいのはいいこともある。抱っこと肩車で出かけられる。ぐずってもひょいっと持ち上げられる……そんなことばかりしていたら、また僕の腰の調子が怪しくなってきたが。

相棒も偏食気味だし、僕も自称「プチ・ヴェジタリアン*」だったので、あまりコドモのことを責められないとは思うのだが、ともかく何かタンパク質を摂取してくれないと困るなあと思う。最近は牛乳や乳製品も拒否するようになってきているし。

先月から週三回の保育園通いが始まった。月曜日は以前から通っている少し遠い保育園で、水曜日と金曜日は新しい近くの保育園である。保育園のある日は昼食を園で出してもらえる。午前と午後におやつタイムもある。他のコドモたちと食卓を囲むことで、少しは偏食ぶりも改善されるのではないかと期待した。

結果はどうだったろう？　少しずつ改善の兆しもあるようにも思えるが、なんだか全然ダメな日もある。保育園からの報告を聞くと、基本的に家と同じパターンだ。つまり、最初にゴハンやパンなどの主食を食べ、後は拒否してしまう。ならばということで、オカズを最初に出して主食をお預けにしても、やっぱりオカズは拒否されてしまう。主食部分が

*プチ・ヴェジタリアン
もともと魚食や肉食の際、発疹が頻発したことから始めた食生活。二十歳過ぎの頃からだから、二十年以上は続いていました。自称プチを名乗るのは、乳製品、鶏卵に関してはスルーしていたからです。ちなみに魚卵はアレルギーが出るので×。独身時代から自炊に凝っていて、自分なりのレシピも豊富だった。結婚してからは相棒の苦手な食材を除きつつ、調理を担当することも多かった。その流れで『専業主夫ツレのプチベジ・クッキング』（角川SSC）という本まで出版させていただいたりしました。

オカズ的要素を持っているもの（チャーハン、炊き込みゴハン、焼きそばなど）だとすべて拒否されてしまう。

そして、おやつは食べる。見たことがないようなお菓子でも大丈夫（キナコをまぶしたワラビ餅《もち》を食べたと報告があった）。スイーツだったら強いので「スイーツ王子*」と呼んでやるが、シャレにならん。おやつの存在が、「昼食は食べなくても大丈夫」という思い込みの根拠になっているのではないかとすら疑う。

この偏食に対する、各園の反応も微妙に異なっていて、親としては非常に参考になった。以前から通っていた保育園は、たまたまなのだが、男の子が目立つクラスになっている。朝夕にちらっと見る感じでも、男の子たちが走り回り、ボールなどを投げ、元気良い感じだ。保育士さんもスポーティーな感じ。

こちらの園での保育士さんのアドヴァイスは、以下のようなものだった。

「私にも息子がいて、かなり偏食だったんですけど、突然に食べるようになったから心配することはないですよ。ただ、このコは食べないと決めつけて、本人のぶんのオカズの用意を怠ったりはしないでくださいね。いつでも食べたいと思ったときに食べ始めることができるようにしてください」

*スイーツ王子
このネーミング、念頭にあるのは「スイーツ親方」か。元横綱大乃国の芝田山親方のニックネームです。彼はしばしばテレビに登場し、レポーター系の仕事として、いろいろなお店を回りながら、実に美味しそうにスイーツを食べておられます。ちなみに僕がサラリーマン時代のいちばん肥っていたときに、落語家の桂文治（当時は平治）さんに「あぁた、大乃国に似ているって、言われません？」と訊かれてしまったことがあった。確かに僕も、お菓子大好き。洋菓子、和菓子なんでも来いである。どすこい。そんな僕の息子だから、スイーツ王子？

なるほど。そうなのか？　そうだったらいいなと思いつつ、毎日最終的に自分の胃袋に収まることになるオカズを作りつづけるパパなのであった。

もう一つの保育園は、園児も女の子のほうが目立っている感じ。男の子もいるが、なんとなく優しい感じで女の子に溶け込んでしまっているのだ。保育士さんもひたすら面倒見が良くて親切な雰囲気である。

こちらの園では、やはり「どうやっても食べたいと思ってくれないみたいなんです〜。ご自宅では、どのようにして食べさせているんですか〜？」と、僕のほうが訊かれてしまった。

親としては、実に実に偏食に苦労しているが、決して匙《さじ》を投げているわけではないんだよ、とアピールしつつ、毎日いろいろな工夫をしたことを報告しながら相談する形になった。

そして「焼き魚はほぐし身にしてゴハンに少しだけ混ぜる」「ゴマや海苔のトッピングがあると食いつきが良いが、漬物はダメ」などの試行錯誤をやりとりした。

しかし、なんというか特効薬がなかなか見つからなかったのだ。

そこで、僕と相棒も襟《えり》を正して、本格的に偏食対策をしようということになった。

まず、親である僕たちも偏食と呼ばれてしまうような食習慣があるので、それはできるだけ改善しようということになった。僕に関しては、花粉症の発病以来、食物アレルギーが激減したので、カマボコやソーセージなどの加工品、細切れ肉などを調理することを積極的に行い、また、味見の必要などもあるので、多少とも食べるということにした。相棒も苦手な納豆を食うのは無理だが、勝手な間食は控えたり、また一人だけ健康食品を食べたり、コラーゲン*などの添加物を加えたりする習慣も減らしてもらうことにした。

さて、その上で、家族三人で同じものを食べて「おいし〜い」と食卓を盛り上げようと企図していたわけなのだが、コドモはなかなか乗ってこない。

さらに食習慣を正そうと、食事のときにテレビは消すようにし、「いただきます」「ごちそうさま」をちゃんと言い、食事中に席を離れることをしないことにする。主夫である僕も、フラフラと冷蔵庫に調味料を取りに立ったりしないよう、事前に食卓に必要なものを準備するようにする。

いわゆる「きちんと家族で食卓を囲む」時間の演出である。

それでも、コドモは「いらない」「おいしくない」「パンたべる」「ビスケットたべる」と頑《かたく》なである。こちらもときどき切れそうになる。

*コラーゲン
たんぱく質の一種。ぬるぬるしたイメージ。たぶん体内で合成できるので、食物から摂取しても意味はない……と思う。相棒は藤原紀香さんが愛用しているという理由で、高価な金色の缶に入ったコラーゲン粉末を購入し、いろいろなものに振りかけて試していました。その効果はあったのだろうか？　僕にはよくわかりません。

そんな試行錯誤が続いたある日、ついにコドモは「アンパンマンみる。ゴハンいらない」と主張するようになってしまった。

相棒も「ツイッター*」を始めたせいで、食事の時間が長いとなんだかイライラしている。「もう終わり。仕事場に行っていいでしょ?」と言い出す。

やっぱり、「きちんと家族で食卓を囲む」という習慣には無理があるのか? 現代人たちは。

僕もついに折れた。

「じゃ、もういい。ゴハン終わり。みんな、ごちそうさまを言って」

もちろん、お菓子を与えたりはしない。それで、コドモはレコーダーでアニメーションを観賞し、相棒は仕事場に行って半分仕事、半分趣味みたいな作業に没頭することになる。

その夜、明け方三時頃、コドモが泣き出した。

夜泣きだが、以前の悪夢に驚かされたようなものではない。泣き声を聞いていると「ゴハン〜、パン〜、おかし〜、ヤクット(ヤクルト)、ちょうしょく〜(朝食ヨーグルト*?)」などと言いながら泣いているのである。

*ツイッター
　鳥のさえずり(トゥイート)が語源と思われます。ピーチクパーチクやかましい感じだろうか。パソコンや携帯端末で、実況中継的に短い文をどんどん書き込む情報発信のシステム。以前はブログで同じようなことをしていた人もいました。相棒はパソコン雑誌の仕事をきっかけにツイッターを始め、この頃は中毒的に凝っていた。直後にトラブルに巻き込まれ、すっぱりやめてしまいました。以前ブログ中毒になったことがある僕が言えることではないが、熱中すると人間らしい生活ができなくなるサービスだと思う。

*朝食ヨーグルト
　グリコ乳業の製品名。正式名称は朝食プロバイオティクスヨーグルト。いつもうちで食べているプレーンヨーグルトと異なり、ほんのり甘く味がついているのが息子のお気に召したようです。いわゆるガラス瓶などに入っている昔ながらのヨーグル

ついに「お腹《なか》がすいた」のか？　それは当然であろう。夕食をおざなりにした罰である。

しかし午前三時である。確かに、冷蔵庫の中に前日の夕食の残り物は入っている。魚肉ハンバーグ、茹《ゆ》でブロッコリー、炒め野菜、ほぐしシャケ、ゆで卵に煮豆などである。それにゴハン。しかし、冷えている。これをレンジでチンして食わせろというのか？

「ダメだ。今は夜。寝る時間。ゴハンは朝になったらね」

僕は冷酷にそう言い放った。

しかし、コドモは一時間執拗《しつよう》に泣きつづけ、午前四時には僕たち二人も目が冴え、コドモの泣き声にうんざりする。

「わかった。空が少し明るくなってきたし、もう朝だ。ゴハンにしよう」

僕も折れ、相棒も起きてきたので、午前四時に我が家は朝食ということになった。前日の夜の残り物も温めて出したのだが、ゴハンを少し食べただけで、「パン、チーズ、クラッカー」と要求され、やはりそれらを出してしまったのである。

こんな偏食ぶりのわが息子だが、少しだけ突破口が見つかった。

トにも似た味だが、量もたっぷり。

＊お子様向けのルウ
　うちでもまず試したのは「カレーの王子さま」（エスビー食品）です。他に「アンパンマンカレールゥ」（永谷園）も試してみた。でもお子様向けは甘すぎる。カレーの辛味が足りないだけではない。糖分が過剰に添加されているような気がします。結局、我が家でも「バーモントカレー甘口」（ハウス食品）に落ち着いた。いや、同じくらい甘いんだけど、リンゴと蜂蜜だから甘くてもわかりやすいかな、なんて……。

それは「カレーライス」だ。お子様向けのルウ*が存在することは知っていたのだが、以前に試したときは全然食べなかったのである。

でも、二歳を過ぎてから作ってみたところ、煮崩れたカボチャやジャガイモもろとも、食べるようなのだ。ニンジンもすりおろして加えてみた。食べる。肉やツナ缶などを加えても、細かくすれば食べてくれる。

「カレーライス」だと、三回に二回はお腹がふくらむまで食べることを発見し、その後「ハヤシライス」も試してみた。トマト味は嫌いらしいが、「ハヤシライス」も三回に二回くらい行ける。その後砂糖と醤油《しょうゆ》味の「肉じゃがライス」も試した。これもＯＫ。

さらに、「野菜天丼」も食べさせることに成功した。

天丼を食べたとき、コドモは匙でぐちゃぐちゃ混ぜながら、

「カレーライスに、しましょうね～」

などと口走っていた。

息子よ、それは天丼なのだ。どうやってもカレーライスにはならないのだ。だがしかし、カレーライスだと思えば食べられるのか？　だとしたら、パパはそれがカレーライスだと認めよう。

ということで、目玉焼きや煮物をゴハンにのせて、少しぐちゃぐちゃと混ぜたりしても、

それが「カレーライス」的なものと認知されれば、食べてくれることもあるようになった。

まあ、本家のカレーライスと同じく「三回に二回くらいは」という断り書きがつくが。

iPadや
iPhoneの
キッズゲームに
夢中の息子
パズル
気がつくと
勝手に別のアプリを
買う画面を操作
してる
わっ 買っちゃ だめ!!
はー はー
パスワードいれないと
買えないけど一瞬あせる

我が家にiPad*というものがやって来た。

まあ、いわばタッチパネルのコンピュータである。画面にカラフルな色合いのアイコンが表示され、辞書やゲーム、コミュニケーションツールなどのアプリが入っている。

自宅での仕事打ち合わせの際に、コドモの騒音を封じ込める意図で、コドモにこのiPadを好きなように触らせたところ、コドモはiPadいじりに熱中してしまった。的確にアプリを起動し、次々と画面を開いていく。しかし、まだ二歳児なので、もちろんゲームをルール通りに遊べるわけもなく、一番熱中したのは辞書ソフト。字は読めなくても、なんだか次々と画面が開いていくのが楽しいらしい。ヨダレを垂らしながら、しまいにはウンチも出しながら、鼻息荒くずっとiPadを触っていた。

画面に変化がなくなって興味を失うと「ホームボタン」を押すという点を心得ている。そのボタンを押すと、とりあえず初期状態に戻るのだ。そのため、また別のアプリを起動することができ、飽きが来ないらしい。

いっとき「サルにもわかる……」などという、人間にとっては失礼な響きのタイトルを冠したパソコンの書物が出回っていたことがあったが、それから数年するうちに本当に、猿ではないが、まだほとんど猿もどきの、人間の二歳児に使えるコンピュータが出てしま

＊iPad
アップルコンピュータ製のタブレット型コンピュータ。ちょうどこの頃、うちの相棒が「マックピープル」という雑誌で連載をしていたこともあり、発売と同時に買い求めました。アップルコンピュータの社長スティーブ・ジョブズ氏が「これは歴史を変えるものだ」みたいな表現をしながら、自分でいじってみせたりしていた映像も衝撃的だった。でも、我が家にやってきていじってみた最初の印象は「でかいiPhoneじゃないかこれ」というものでした。

ったのだ。

「ちーと君、iPad、楽しい?」

「たのしい、よー」

コドモはこのiPadで延々と「幕末人名辞典」とか「戦国武将人名辞典」とか「易」などを起動して画面を見ているが、大人が介助してやると、コドモ向けのゲームで遊べたりもする。ジクソーパズルのようなものや、怪獣にクイズの答えを食べさせる知育ゲームもあったりして、これはこれで一緒に遊んでいると面白い。

しかし、いったいなんなんだろう。これ。コドモのときから、こんなものが身近にあっていいのか? もちろんそんな疑問は、僕たちアナログ親の心の中で響いているのだが。カラフルなゲーム画面は、コドモにとって魅惑のオモチャと化している。哲学者ロジェ・カイヨワの言うところの「めまい」に溢《あふ》れたものとなっているんだろう。

ところで、「コドモにゲーム機を与えるべきか否か」というのは、就学前から小学校低学年くらいのコドモを持つ親にとって、スフィンクスの謎*のような巨大疑問として君臨しているようである。

*スフィンクスの謎
スフィンクスは、ライオンの体・人間の顔・鷲の羽を持つ怪物。旅人に「朝は四本足、昼は二本足、夕方は三本足の生き物はこれ何か?」というような謎を問い、答えられないと食べてしまったと伝えられています。オイディプスがその謎を「答えは人間である。幼年期は四足で這い、大人になると二本の足で歩き、老年期は杖を使うからだ」と解き、スフィンクスによって苦しめられていたテーベの都を救ったそうです。いつの話だ? 古代ギリシア語で書かれた悲劇(ソフォクレスという人の創作、または編纂とされている)なので、話が作られたのも、キリストが生まれるずっと前だよな。……ところで現代という時代を鑑みると、二本足になったとたん、情報技術と経済リテラシーの必要性に巻き込まれる。お金の数え方(各種カード類や決済方法、ファイナンシャル)とコンピュータの多様な使い方(ゲーム、情報の集め方、コミュニケーション)は、どの時点

コドモはゲームが好きなので、ゲーム機を与えておくと、とりあえず安全なところでおとなしくしているということが多い。病院の待合室などでも黙々と遊んでいるコドモを目にすることがある。親にとっては、コドモの興味を惹《ひ》きつけ、コドモを良い子にしておくアイテムなのである。だが、ゲームばかりに夢中になって遊んでいるコドモを見ると、「大切なコドモ時代の時間を、こんなことで無駄に費やしていいのか？」という疑問も湧き上がってくる。コドモは、まさに「猿のごとく」プレイングに熱中し続けるからだ。

もともと人間としての経験が少ないのに、さらに一日の大半を画面に向かって消耗してしまうのを見ていると、危機感を覚えるわけである。

だからといって、巷《ちまた》に溢れるコドモ向けゲームの数々をシャットダウンするというのも、それもまた（親の一存だけで）経験の一つを潰しているのに過ぎない、とも思える。

さらには、最近は「コドモ同士のコミュニケーションにもゲームが重要」という要素まで加わってしまった。コドモにゲーム機を与えないでおくと、ゲーム機を与えられたコドモ（既に人生の時間の多くをゲームに割いてしまっている）とコミュニケーションができなくなるというのだ。

この問題は、コドモの親の世代が初代ファミコンで遊んだ年代になってきたので、「ゲーム機を与えても良いとする側」が一方的に押し切るのではないかと思ったのだが、いま

でそうするかは別として「いずれきちんと身につけないといけない」というのが現代社会に生きる鉄則ともいえる。今の時代における三本足の人たちは、かろうじて情報技術と経済リテラシーがなくても生きていけた人たちの最後の末裔。僕らのときはもうそうじゃないんだろうな。

だにしぶとく拮抗《きっこう》しているようだ。そうか、コドモの教育に関して仕切っているのが女親であることが多いので、たとえ「うちのパパもゲームで遊んでいる」としても、それはコドモに引き継がせたくない特質としてマークされているのかもしれない。

同じような命題は、中学生に上がったとき、コミュニケーション・ツールとしての携帯電話の所持を認めるか否かというところでも現われる。こちらは女親がケータイ中毒世代になる頃には、ほぼ一掃されるであろう。

ところで、話をゲームに戻すと、コドモがゲームに夢中になるというのは、ゲーム機が登場したことが原因なわけではない。

僕（現在四十五歳）が小学生の頃にも、街のゲームセンターというものはあった。ブロック崩しや、風船割りゲームの電子ゲームが出てくるのが、小学校高学年。インベーダーゲームというものが流行するのが中学生のときだ。つまり、それ以前のゲームセンターには、画面に映し出されるような電子ゲームは存在しなかったのだ。

それじゃあ、何が置いてあったのかというと。

パチンコやピンボールのような、大人の遊戯マシーンをそのまま置いてあるもの。

力任せに殴りつけて、数字表示が出たりする「筋力計」みたいなもの。

機械仕掛けのゲームの数々。標的が現われるのを光線銃で撃ったり、映写で背景が表示されるところに模型の車を操作するレーシングゲームとか。コドモ向けの「野球盤」を自動化して大きくしたような「野球ゲーム」や、ボールものは多々あったようで、サッカーやバスケットを模したものもあった。

いやー、思い出してみると、アナログな、しかし大がかりなオモチャの数々だったのだ。それぞれは、精巧かもしれないが一つの遊びしかできない、割と無駄に大きな機械が並んでいたのだ。あまり入れ替えもなく、壊れるまで一つのゲームセンターに置かれて。

今となっては牧歌的ともいえる光景だったが、それぞれの機械は十円、五十円というコインを吸い込んで、ほとんど何も返してくれることのないブラックホールのようだった。

それなのに、コドモ心にお金を投入しないではいられない、妖しい魅力を湛《たた》えていたのだ。

僕は一ヵ月分のお小遣いを、数分のうちに使い果たしてしまったり、あるいは祖母にねだって、こっそり小銭をもらって、これも使い果たしてしまったりしたのだ。めくるめく酩酊《めいてい》の時間が過ぎると、残るのは苦い悔悟の、打ちのめされたような感覚である。

「もう二度と、ゲームセンターには足を運びません」

と、何度心の中で悔いたことか。

だから、ゲームを求め、「めまい」に酔う欲求を持つのは、人間の性《さが》なのだろう。たとえゲーム機がない時代でも、カードゲームや麻雀牌で体を壊すまでそれに興じた輩《やから》もいた*。そこに魅力的な「めまい」が存在し、それに中毒のように没頭してしまうというのが問題なのだ。問題なのだが、問題をどうすべきかという程よい解答はみつからない。人それぞれのパーソナリティーによって、夢中になりやすい、没頭しやすい性格というのはある。うちのコドモも、どうも熱中型の気配がある。

ゲームや悪癖に関しては、できれば熱中型ではなく、適度に飽きっぽいほうがいいのではないかと思うのだが、同じ飽きっぽさが勉強だの仕事だのに出てくると、人はこれを問題あると見てしまう。まあ、何にしても長続きしないというのも平均人なのかもしれないが。

パソコンいじりに熱中していて、勉学はおろそかにして、周囲からはダメじゃんこいつと言われていたが、今はIT長者として人々の尊敬を集める身、などという話もそれなりに転がっている。ゲームに関しても、ゲーム長者は少数かもしれないが、コドモのときからゲームばかりしていて、今ではゲームの会社で食べられるくらいの給料はもらっている

*それに興じた輩もいた
ここでは、賭博的要素を除いても、そういう営みに熱中してしまうということを強調したいです。もともと男の三悪と呼ばれる「飲む・打つ・買う」は、「アルコール依存症」「ギャンブル依存症」「セックス依存症」として、今やすべて精神科での治療対象ではある。「飲む」場合は、薬物的な身体依存が発生しているし、「打つ」は経済的破綻で周囲に大迷惑を及ぼす。「買う」も家庭や周囲との信頼関係がなくなり、社会的孤立に結びつく……と思う。でも、トランプとか麻雀とかコンピュータゲームへの依存は、一番近いのが「打つ」だと思われるんだけど、ここで賭けているのはお金ではなく、「自分の時間」でしかありません。上手に自分の時間を費やせば、たしなみ程度の楽しみでしかない。でも、やっぱり度が過ぎると社会生活が破綻し、健康も損ない、経済的な活動を放棄するので破綻する。「飲む・打つ・買う」のすべての要素がライトに共存する依存

という現実的な話ならいくらでもありそうである。

我が家にやってきたiPadは、その後なるべくコドモには触らせていない。本来は大人が「研究用」に買ったのだ。来るべき電子書籍時代に備えるべく……という趣旨だったのだが、文章を読むツールとしてはまだまだ紙の本の足元くらいだ。もっとも今までのパソコンでの読書が「足元にも及ばない」ものだったのが、「足元くらい」には上がってきている。この方向で快適さが増していけば、やがては無視できない存在になるだろう。僕も田中英光の『オリンポスの果実』を丸々一冊「青空文庫」*で読んでしまった。それ以外にこっそりピンボールゲームなどで遊んでいたりもする。

コドモは親がiPadを触っていると、

「なにして、いるの?」

と寄ってきて、そのうちには、

「かして、かして」

と言い出す始末だ。

最初に存分に触らせてしまったのが災いして、自分のオモチャであると勘違いしている様子もうかがえる。少なくとも「自分も使って良いものでもある」くらいには考えている症と言える。

*「青空文庫」
国内での著作権が切れた文学作品をデータ化し共有するという非営利活動。著作権が切れるというのは、死後五十年経つということです。だから、夏目漱石や森鷗外、宮澤賢治や梶井基次郎の作品が読めてしまう。太宰治や田中英光や坂口安吾の作品も読めてしまう。三島由紀夫や川端康成、谷崎潤一郎の著作はまだ読めない。作品を刊行している出版社からすると存在自体が打撃ですね。文庫本がファースト・チョイスではなくなってしまうから。でも、文学はやっぱりムズカシイものだから、そこは解説などに力を入れて頑張って欲しいと思います。僕が大学生の頃、すでに「ザ・漱石」「ザ・基次郎」なる、電話帳のような粗末な紙に全作品を印刷した一冊本が格安で刊行されていましたが、思えばあれも「著作権切れ」だからできたこと。「青空文庫」は、そういう

のだろう。

ゆくゆくは、コドモと情報端末の関わりについて一定の指針を選んでいかなければならないんだろう。今のところの我が家の回答は、「ゲーム機にもなる機械を触らせる。シャットダウンするのでなく、その魅力とどう付き合うかを学ばせる」ということになるのだろうが、もちろん、これは二歳児に対しての処方である。

これが小学生になったとき、自分で好きに使える「パーソナルマシーン」をどのように与え、親がどの程度干渉するかという指針は見えていない。

なんといっても、僕らがコドモの頃、家にすっぽり収まるゲームセンターは存在しなかったからなあ。コドモのほうからすると、僕の世代が経験したそんなアナログなゲームセンターのほうが、よほど想像し難いものになっているのだろうが。

電話帳的な試みが電子化されたようなものと考えることもできます。このサービス、「青空文庫形式」というデータで配布されていて、ウェブからダウンロードしたものを、パソコンのリーダーで読んだり、iPadだと「i文庫」という名前のアプリで読むことができます。

コドモがオタフク風邪になった時
ふー
ふー
ふー
共働きの夫婦は一体どうしてるんだろ?!
保育園はあずかってくれない
(完治した証明書がないと通園できない)
コドモを一週間家から出しちゃいけない
(感染をふせぐため)
仕事にならないよー
ずっと38度の熱
ふー
ふー

「タメ」とはなんぞや？

二〇一〇年五月で内閣府の参与にも返り咲きされた、湯浅誠氏がよく使う用語である。湯浅氏は貧困問題の専門家なので、例えば貧困問題を論じるときに「今の若者には『溜め』がなくなっている。経済的な『溜め』や人間関係の『溜め』がないため、落ちるときには一気に路上生活にまで落ちてしまう」などというふうに使用する。

経済的に考えれば預貯金などのストック、人間関係でいえば甘えさせてくれる余裕のある人のような存在のことだ。

それで、なぜ僕がここで「タメ」などと言い出したのかというと、先月から我が家の子育て状況が幾分ピンチに陥っているからである。


理由は、まず一つが僕の健康状態。

五月末に原因不明の腹痛に陥った。あまりの厳しさに、これは罹患《りかん》したことがないが「盲腸」というものなのではないかと思った。いわゆる「盲腸」とは、正確には虫垂炎といわれる、お腹の炎症で急に病状が進むというものである。

その虫垂炎を予期し、入院や手術も覚悟してかかりつけのクリニックに駆け込んだ。しかし、医師の見立ては「胃炎」なのであった。僕の腹の痛む位置が脇腹とはいえ、上のほうであり過ぎるからなのであった。

そして数日間、胃炎の薬を飲みつづけたが、まったく効かない。脇腹の痛みはキリで刺したような痛みだったり、斧《おの》で叩いて割れたような感じで、ただごとではないのだ。収まっても虫歯のようにシクシクする。

それでまたクリニックに行って、大学病院への紹介状を書いてもらった。大学病院に行って一日がかりで検査する。血液検査、尿検査、X線検査、超音波検査などを経て、そこで出てきた結論は「胃炎と胆石の合わせ技」なるものだった。それで胃カメラと精密な超音波検査の予約を半月後に入れて、帰された。

原因はなんとなくわかった。しかし、何の対策もないまま帰された。

また「胃炎」の薬を処方されたのだが、「胆石」のほうは痛み止めも何も持たされなかった。

さてそれから半月、痛みとの闘いの日々である。

胆石の痛みというのは、ときどき激しく襲ってくる。何の法則性もない。天気や温度、疲れや食べたもの、移動中や就寝中、のべつまくなしだ。前触れのようなものはあるが、本当に突然に七転八倒の苦しみが襲ってくる。いや、大騒ぎをしようと思って構えたものの、大したことがないときもある。しかし「ここで出るとヤバイなーひどくならないといいなー」というようなシチュエーションに限って壮絶に展開してしまうこともあるのである。具体的には路上でコドモがぐずって抱えて移動しようとした矢先とかだ。あるいは混雑したバスの中でコドモを抱えているときとか。

激しい痛みがないときでも、頼りない感じでシクシクと疼痛《とうつう》を抱えた状態なのである。胃炎もあると言われているので、なんだか物も食べられない。豆乳とオカユとか、ほうじ茶とパンとか、そんな感じの食事ばかりだが、偏食のコドモのためには「カレーライス」のようなものを作らねばならぬ。

半月後、胃カメラと超音波の精密検査をした。

胃カメラの際に、麻酔薬に拒否反応*が出てしまい、喉も胃腸もいっさいの麻酔なしで胃カメラを飲むはめになった。これはけっこうきつかった。人生の中で三番目につらい思い出になった。まあ、三番目なのでもう一度やれと言われたらできるぐらいだが。

それで、胃カメラと精密な超音波の検査の結果は一週間後にとのことで、また帰される。今度は食い下がって「痛み止め」をもらうことに成功するのだが、麻酔の一件が尾を引いていて、あまり強い痛み止めは処方してもらえないのだった。

それからも痛みはシクシク。ときどき「救急車を呼ぼう」と言い出しそうになったりも

*麻酔薬に拒否反応
リドカインという薬です。「まず口に含んでうがいをしてください」と言われ、口に含んだ時点で視野が狭まり、目の焦点が合わせられなくなりました。そのことを医師に言うと、「あー、使えないね」と言われてしまいました。以前に、ブスコパンという麻酔薬で昏倒してしまったこともある。僕って手術できるんだろうか心配になります。

する。でも理由はわかっているのだし、一週間後に検査の結果も出てくるのだし……ということで、なんとか気持ちをつないで頑張る。

さて、それでこの文章を書いている本日、ようやく結論が出てきた。

胃カメラの検査結果は、特に何も異常なし。あの苦労は何だったのだ？と思うのだが、僕の腹の痛みポイントから言って、胃と十二指腸の検査をしておくことは必要らしいのだった。

そして「胆石もない」と言われてしまったのだった。

これには参った。前日にも痛み発作が出て、痛み止めを飲んでしのいでいたのである。そのことを告げると、医師はニヤリと笑って言ったのだった。

「実はその前の超音波では見えているのだが、この前の精密な検査では見えなかったのだ。担当が研修医だったので、今日はベテランの医師にもう一度やってもらおう」

というわけで、また超音波検査ということになったのだ。

麻酔なしの胃カメラの際もそうだったが、学生たちの立ち合いのもと*、ベテラン医師に超音波検査をしてもらうことになる。前半はやはり研修医が行ったが、胆石は見つけられない。しかし、途中でベテランの医師に交代すると、「ここだ」「ここだ」とどんどん診

*学生たちの立ち合いのもと
大学病院だからしょうがないんだけど、「麻酔なしの内視鏡検査やります」と学生が集められ、「妊婦などを検査するのに必要な技術です」と言われつつ、でも本当の妊婦じゃ実習に使えないんだろうなあと推察しつつ、汗垂らしのたうち回りながら胃カメラを飲みました。微小胆石を発見するスキームの実習も、人間モルモットのような感じで……。こういう実習の場合、学生がトロトロ集まってくる間、待たされるのもまた苦痛だったりします。

断箇所が精緻になり、拡大した画面を出して「痛みの原因」なるものが特定されたのだった。

原因は胆嚢《たんのう》の出口のところにあった、わずか四ミリの胆石なのだった。

そんなもののために七転八倒していたということだ。

四ミリなので、胆石を溶かす薬を使って様子をみるということになった。そして、今度は強力な痛み止めが処方された。座薬だ。形を見ているだけで、なんだかとても効きそうだ。

ということで、僕は少し安心したのだった。

ところで、そんな僕の病院通いと並行して、実はコドモも病院通いをしている。

きっかけは、保育園で「七月からプールをやりますので、ぎょう虫*検査をして、ぎょう虫がいないという証明書を病院でもらってきてください」と言われたことだった。

「これでぎょう虫がいたら大笑いだよなあ」

と僕は思った。なぜ大笑いかというと、うちのコドモは生野菜どころか火を通した野菜さえ食べさせるのに難儀している状態だからである。

とはいえ、証明書はもらわねばならないのだった。

*ぎょう虫
蟯虫、という字を書きます。睡眠中の痒みなどの他に特に体に害を及ぼすことはないらしい。しかし掻いた指に付着した卵が、コドモからコドモへと伝染したりする。あと、昔ながらの有機農業だと、糞尿を野菜にかけるということになるので、葉物野菜とかを通じて感染するということもある。僕らもコドモの頃からしばしば検査をされ、ぎょう虫が発見されたコドモは「虫くだし」というものを飲まされていました。そして、発見されたコドモは「キセイチュー」「ギョーチュー」といじめられたりもした。あんまり気持ちの良いものではない。でも、最近のちょっとマユツバ的な研究成果によると、寄生虫はお腹にいるとアレルギー症が軽くなるというではないか。花粉症などにも効果があるという話も……。いやいや、どうなんだろう。ぎょう虫をお腹に飼ってみるくらいで花粉症のつらいのが治るんだったら、と思いつつ試してみるのはちょっと怖いです。

ということで僕はコドモを小児科に連れていった。窓口で「ぎょう虫の検査のキットをください」と言えば、キットを渡されてそれで帰れると思っていた。

今も昔も、ぎょう虫検査といえば、お尻にくっつけるシールのようなフィルムである。

ところがそのまま四時間そこでくぎ付けにされてしまった。

小児科は混んでいたのである。そして「ぎょう虫検査のためには医師の診断を受けてから」という鉄則のようなものが覆されることはなかったからなのである。

嫌な予感はした。

混んでいる理由は、なぜか「おたふく風邪」と「水ぼうそう」が流行しているからだというのは、少しそこで待っていればわかった。「おたふく風邪」は「流行性耳下腺炎」というのが正式な名称だ。「水ぼうそう」は「水痘」という。どちらも伝染力がとても強い病気なのだが、コドモの頃にかかれば二度とかからない病気だ。コドモの頃にかからないで、大きくなってからかかると重症化するとも聞く。

あからさまに「今おたふく風邪」というようなコドモが来ると、どこか別室に連れていかれるのだが、そのキョウダイなどはそのへんで遊んでいる。うちのコドモも退屈なのでそうしたコドモたちと遊び始めてしまった。

「ま、どうせかかるのだったら、早いほうがいいかもな」

と思ったのだが、できれば僕が腹痛でないときのほうが望ましいに違いなかった。

はたして、数日後うちのコドモは発熱をしてしまった。二日後には耳のところから頬《ほお》にかけてぷっくりと腫《は》れた。おたふく風邪になってしまったのだ。

保育園に電話して「おたふく風邪になりました」と言うと、今度は「おたふく風邪が完治してから、完治したという証明を病院でもらってきてください」と言われてしまった。

やれやれだ。どうせまた行くと、今度は水ぼうそうをもらってくることになるのだろう。

というわけで、僕はひと月のあいだ腹痛。コドモはおたふく風邪で既に半月のあいだ保育園を欠席。

僕がするはずだった「仕事」はほとんど手付かずで、どうにかこのエッセイの文章だけはこうしてしのいでいる状態だ。

もちろん、このような状況なので、相棒の仕事にもだいぶ響いている。

自営業として考えると、数ヵ月間の収入減という影響はあるが、勤め人が欠勤して給料が減らされるのに比べたら大したことではない。

とはいえ、思う。世の中は健康な親が健康なコドモを育てているという状況に合わせて運用されている。コドモが病気になれば親がタイヘンになり、親が病気になれば、金銭か

＊金銭か人間関係のタメ
子育ての現場でのピンチの場合、金銭で解決しようとすると異様に莫大な額となってしまうことがあり、「それだったらガマンしよう」と思ってしまうこともしばしば。とすると、使えるのは人間関係のタメばかり。しかし、そのタメも実にかぼそいものとなっている現状です。今の時代の子育てのタイヘンさについて説明しようとすると、僕の親世代のような年輩の人たちからは「だって私たちが子育てしていた頃は、保育園もそんなに利用できなかったし、子ども手当もなかったし、駅にエレベーターもなかったし、今のほうが全然楽だわよ」と言われてしまうこともしばしばあります。でも、忘れてはいけない。彼女らが子育てしていた頃は「同時に子育てをしていた姉妹、親戚、知人などが多かった」という圧倒的なタメが存在したのです。そういうことをおいといて、ニュースの報道で取り上げられるような「保育所」「子ども手当」「駅のエレベーター」みたいな

人間関係のタメ*がないと、どうにも回っていかない。

若者が働く現場で追い込まれている苛烈さのようなものは、実は子育ての現場にもあるのではないか。そして、往々にしてそれは一つの家庭の中で重なってしまうこともありうるのじゃないだろうか。

だとすれば、そうしたものをなくしていかなくては、この国の将来は危ういままなのじゃないだろうか……なんて、痛い腹を抱えながら、少し言ってみたくなったのである。

落語だったら「一石(席)ぶつ」なんて落ちをつけたいところだけど。

*目立つもので「楽になった」と判断されたのではかなわないや。

病みあがりの時の息子
目が二重まぶた
アゴほっそり
あばら骨
蚊にさされてかきむしったあと
一週間後
もとどおり
コドモの回復力はスゴイ

僕は今月で二歳六ヵ月になる息子の父親である。

たった二年半である。ここまでクヨクヨしながら、「育児」をし「子育て」にチャレンジしてきた。「育児」とは、ひ弱な哺乳類《ほにゅうるい》の幼体であるところの「乳児」に栄養を与え、服を着せ、オムツを替え、寝かして起こして歩かせて……というような日々だった。

二歳を過ぎて、コドモはコトバを操り自己主張を始めた。どうやら人間と人間の関係になってきたので、僕のやっていることは「子育て」だろうということになった。

だけど、先月一ヵ月のうち半分は、コドモのおたふく風邪と、それに続く扁桃腺炎*に付き合わされた。というか、病気になったコドモの面倒を見ていた。

これは、また「育児」の日々に逆戻りだったのだ。

コドモは「イヤイヤ」以外のコトバを使えなくなってしまった。

高熱を出し、飲食したものを戻し、夜昼なく「苦しくなって」泣きじゃくる。あるいは深夜に目が覚めてしまって、不安になって徘徊《はいかい》する。

およそ二十日間、保育園も登園停止状態だ。

保育園に行けないとなると、誰かがコドモの面倒を見なければならない。健康なコドモではないので、外で遊ばせたりすることもできない。僕はそれにとことん付き合うことに

*扁桃腺炎
扁桃、とはアーモンドのこと。喉のところにある免疫器官の扁桃腺は、形がアーモンドに似ています。これが腫れると熱が出る。コドモにはありがち。「ヘントーセン」というだけで「お熱が出ちゃったのね」とわかってもらえる。うちの相棒も喉が弱いんですが、息子もまた弱い。そして咳をしまくると、胃の内容物を吐く。そういう反射が働いてしまうらしい。困ったもんです。

した。

僕は家事育児が第一の使命となっている生活をしている。その他に、相棒の仕事の手伝いをしたり、短い文章を書いたりしている。他にも雑用がチョコチョコと。なので僕は自分の身の回りを整理し「今すぐしなければならないこと」と「少しあとでも構わないもの」に分け、「今すぐしなければならないこと」だけをこなしつつ生活した。

いわゆる非常事態になったのである。僕自身も胆石症からくる腹痛に苦しめられていたので、そういう生活を送ることもある程度諦めがついた。

しかし、非常事態はおよそ二十日も続き、長引くにしたがってクヨクヨとし始めた。四六時中コドモの病態に付き合っているので、気が滅入ったこともあるだろう。

コドモの病気が重くこじれたことや、次々別の発熱に至るのは、やはりコドモに必要な栄養素が足りていないのではないか、とか。これまでの「育児」と「子育て」で偏食を改めることができなかった自分を責めてしまった。

また、薬を飲ませようとしても吐いてしまうことで愕然《がくぜん》とした。飲ませなければ手遅れになるのではないかと思ったり、扁桃腺炎のカラ咳が続くと吐いてしまうので、咳を始めるとおろおろとしたりもした。

コドモはゲッソリと痩《や》せ、二歳六ヵ月を目前にして、その体重は八・五キロを切るという痩せ具合になってしまったのである。目ばかりギョロギョロしていて、アゴは尖《とが》り、いわゆる映画の宇宙人*みたいな様相だ。

そしてマンションの大規模修繕が重なったこともあって、昼間は騒音でうるさかった。夜は網戸を外してしまった窓から蚊が侵入し、僕も相棒もコドモも刺されまくった。刺されたあとを掻《か》きむしったコドモの顔は、さながら被虐待児《ひぎゃくたいじ》のようなカサブタが何個もついていた。

（この見かけに、この傷じゃシャレにならないよ……）

僕は溜息をついていた。病気はやがて治るだろうが、偏食は直らないだろう。そしてちゃんと食事を食べていないと、また軽い病気をこじらせてしまうのではないかと想像した。掻き傷が治りにくいのも栄養不足のせいかも。

もう僕は育児にも子育てにも自信がない……。

そう思った。

昼夜眠れず、心身ともに疲れきったのである。そうしたときの悪い癖だが、さらに取り越し苦労を重ねてしまう。たった二歳のコドモを相手にしていてこの体たらくだ。三歳、

＊映画の宇宙人
「コクーン」とか「未知との遭遇」などで出てきた青白い小人みたいな感じ。ところで、ちょっと考えてみると、世界で一番科学的かつ進歩的な国民であることを自称する米国人が、そのファンタジーの中で、「自分たちよりさらに上位の存在」を夢想するとき、衰弱したコドモの容姿のようなものを連想してしまうのが興味深いんですが。

四歳、五歳……そして小学生、中学生、思春期のコドモに相対する自信はない。まったくない。

他のパパママよりも、年齢だけはとっているはずなんだが、全然ダメだ。

そう思い始めて、その思いが頭の中をぐるぐると回って、涙すら出てきた。

僕自身も脇腹痛を抱えていて、いろいろ悲観的になってしまったこともある。

そんな日々に、文藝春秋の新書で、日垣隆さんの『父親のすすめ』という本を読んだ。読ませていただいた。そして、そこから多くのことを学ぶことができた。

いや、この新書を読む限り、日垣さんが自分の父親だったらウザったかろうとは思った。日垣さんは僕より六歳年上だ。でも本が出ているのが四年前なので、書いている日垣さんと今の僕はほぼ同年齢と言ってよい。しかし、既に成人した息子さんと娘さんがいるらしい。子育て大先輩といった風情である。

あるいは、この本を日垣さんのご子息が読んだら「オヤジ全然わかってないよ」と苦笑しているかもしれない。でも、この妙な自信、おしつけがましい安定感。オヤジというものは「これでいいのだ*」がモットーなんだろう。

細かいアクションは外しまくっているかもしれないが、テーマにおいてピントが合って

*これでいいのだ
　オヤジ的居直り、余裕の断定口調。もちろん、イメージは赤塚不二夫センセイ描くところの『天才バカボン』に登場するバカボンパパ。バカボンパパは設定では四十一歳なのだそうだ。この文章を書いている時点での僕より四歳若い。ところで、「これでいいのだ‼」という名文句は二〇一一年春公開された東映配給の映画のタイトルにもなりました。浅野忠信さんが赤塚不二夫センセイ役で主演。この映画のスタッフの一部は、次に「ツレがうつになりまして。」の映画の製作に関わることになりました。

いる。日垣さんは言う。

「親の務めは子供を自立させること。親を必要としなくなる日がゴールだ」

そのゴールは、今の僕には遥か遠くにかすんでいて、まだ見えない。

しかし僕のコドモも、立って歩いてコトバをしゃべり、偏食なりにも食べ物を食べ、保育園に喜んで行くようになった。コドモ自身が、自分の中にある力を育ててそういう成長を経てきたのである。

親はコドモの持っている力をサポートすることしかできない。

でも、コツコツと能力をはぐくむことができれば、やがて必ず僕の力も必要なくなるのだろう。一人で生活できるようになり、自分自身のつくりあげた人間関係の中で大切にされ、経済的にも自立できる。それがゴールなんだと。

ゴールが定義されたことで、大いに気が楽になったのだった。

（そうは言っても、二歳六ヵ月。まだ「ウンチ出た」が言えないぞ。どうするんだオムツ外し。将来の独立よりも、目先のオムツだよなあやっぱり）

七月に入り、コドモはすっかり回復してまた保育園に通い始めた。

二十日間のブランクがあるにもかかわらず、到着すると他の園児たちの間に元気に駆け入っていった。お昼ゴハンも緑色のもの以外はよく食べたらしい。

コドモというものは、病気になったときの衰弱も速いが、回復するときもあっという間だ。そんなところはつくづく羨《うらや》ましいと思うのだった。

僕の「胆石症」のほうも、薬が効いてきたのか、以前ほどは痛み、発作が頻発することはなくなったのだ。週に一回くらい「うーむ……」となるくらいである。

ツレの本が出る。
表紙はラファエロの「小椅子の聖母」のパロディだ
望月昭
育児ばかりでスミマセン。
悩みつつ苦しみつつ描いたので自分でも良い絵ができたと思う
ひー
ひー
資料
失敗

ここ数ヵ月、ときおり激しい腹痛の時期がやってくるため、家事育児に支障を来している。前回も前々回も書いたが、「頸部胆石《けいぶ》」なるものが原因の「胆石症」ということである。一度痛みの時期が来ると、二、三日は疼痛と激痛のサイクルになってしまう。それが過ぎると、ケロッと治ってしまうのであるが、今度はいつまた痛みの時期に陥るのかなどと考えて、多少憂鬱《ゆううつ》になる。これまでのところ、何の法則性も因果関係もなく、二、三週間ごとに痛みの時期を繰り返している。

医者は「あまりひどかったら手術も視野に」と言うのだが、ここ何回かは医者に行くときはケロッと治ってしまっている時期だったりするので、「いや手術はしなくても大丈夫です」と答えて帰ってくるのだが、また激痛の時期が来ると「もうすぐにでも手術したい！」と呻《うめ》いている。自分の判断が揺らいでいて、どうしようもないのです。

さて、そんな状況なので、ときどき「自分は何をやっているのだろう？」という自己嫌悪のようなものも出てきて落ち込むのだが、専業主夫すらきちんとできないダメ主夫というようなものになっているのが現状だ。

それでも自分の仕事が「専業主夫」であるという自覚はあるので、ビジネスマンがビジネス書を読むように「専業主夫」の本を集めて読んだりしている。先日読んだ治部《じぶ》れんげさんが書かれた『稼ぐ妻・育てる夫』（勁草書房）は、現在のアメリカ合衆国の子育て事情についてレポートされた本だが、我が家の状況とも重なる部分が多いのでたいそう面白かった。

と、本を読み終わった直後にNHKの「プラネット・ベービーズ」という番組を見ていたら「アメリカ　11人　子育てパパは専業主夫」という回があって、この番組のコメンテーターとして治部れんげさんが出演されていた。なんとタイムリーなことだろう。

アメリカ合衆国の南部の州に、医師の妻と十一人のコドモの世話をして過ごすマット氏という専業主夫がいる。元自動車ディーラーだったが、コドモが三人になったとき、妻の給料と自分の給料と保育所の支払い*のバランスを考察して、専業主夫の道を選んだのだそうだ。それからコドモが増え続け、今や十一人。離婚や再婚も多いアメリカだが、彼の場合は同じ妻との間に、上は十六歳の高校生から、下は生まれてまだ数週間の〇歳児までのコドモがいて、すべて彼が面倒を見ている。まさにスーパー専業主夫、スーパー子育て父さんと呼べる存在だ。

僕と比較するのもおこがましいが、年齢は同じくらいである。

と、さらにおこがましいのだが、一緒にテレビを眺めていたうちのコドモに訊いてみた。

*自分の給料と保育所の支払い
アメリカ合衆国は福利厚生の再分配があまりない社会なので、保育所を利用するとずいぶん高くつくらしい。それにしても、コドモを三人預けると自動車ディーラーとしての収入が吹っ飛ぶというのは破格だ。日本でも配偶者が高額所得者だったりすると、コドモ三人預けて、たぶん月額十五万円以上ふんだくられると思います。年換算で二百万円くらい。歩合制のディーラーみたいな仕事をしていて、コドモの送り迎えも担当させられているとなると、辞めたくなってしまうかも。

「パパに似てる？」

「にーてーるー」

二歳半の息子から間髪入れずアクションが返ってきた。

うーむ、メガネ、坊主頭、派手な色のTシャツと半ズボン。オーバーアクションで感情表現が激しいところ、肥っているというほどではないが、甘いものがやめられないような体形……。海の向こうの人だが、他人とは思えない。

再度息子に確認してみる。

「誰に似てますか？」

「パパでーしゅ」

息子は指さして断言する。最近声がとみに大きい。

アメリカ人になった僕？　いや、単に専業主夫という職業柄の似た雰囲気なのか？

でも、さすがアメリカと言うべきか、家も大きく敷地も広大だ。コドモたちにミニバイクで遊ばせるために重機を使って敷地の中に道路を作ってしまうというスケールである。

もちろん日々の家事もすごい。十三人分の洗濯をこなし、十二人分の食事を作り（一人はまだミルク）、車をいっぱいにするまで買い物をする……。いや、かっこいい。

専業主夫の鑑《かがみ》とは、こういう男のことを言うのであろう。

かっこいいマット氏の専業主夫ぶりを見ているうちに、ちょっとやる気が出てきた。なんの。マット氏と比べるとコドモの数は十一分の一、ペットの爬虫類《はちゅう》を入れても半分以下だ。

ところで、日本にはまだまだ珍しい子育て専業主夫の僕だが、子育て記録の本が出る。というか、この連載が本になったのである。本の題名は『育児ばかりでスミマセン。』*。なんというか、僕の気分そのまんまだ。帯には担当編集者の竹村優子さん発案で「稼ぐ妻、育てる僕」と書いてあるが、なんだか前出の治部れんげさんの書名とバッティングしているが、単なる偶然です。このコピーが気になって検索していて治部さんの本を見つけたのではあるが。

*『育児ばかりでスミマセン。』二〇一〇年、八月四日発売。幻冬舎刊。定価一三六五円。この本の、いわば前編にあたる「乳児」時代の育児の時期に書いた文章を収めた本です。どうもスミマセン的な題名になったのは、この本のさらに前に僕が出した本が『こんなツレでゴメンナサイ。』というタイトルだった（文藝春秋社刊。文庫にもなってる）からです。腰低いシリーズを意識した。でも、子育て専業パパは、世間一般のお父さんと違って、稼ぎがなくてスミマセン的なことをときどき思ったりもします。なかなか正直な気持ちを表している。

息子はいつのまにか鉄道オタクに
E4系MAXとつばさ
れんけつしたよっ
しかしツレもクラシック・オタクだ
↑CDの数 2000枚以上
クラシック・コンピレーションのCDも出しました
「ツレうつクラシック」
ツレうつクラシック

コドモが生まれてから三度目の夏が来た。

一月生まれの我が子にとって、夏は苦手な季節のようだ。

おまけに、今年（二〇一〇年）は二〇〇四年以来の猛暑だという。

二〇〇四年といえば、僕がうつ病で会社を辞めて、闘病中でへばっていたあの夏ではないか。なんだか調子が悪かったが、暑くてモウロウとしてきて、心なのか体なのか何が調子が悪いのかわからなくて、台風が来るたびにイグアナと一緒に横になっていた。

今年は台風はまだないようだ。

しかし、今年の場合、暑さに輪をかけるように、住んでいるマンションの大規模修繕工事が行われている。さらに子育てパーソンの僕は胆石痛に悩んでいる。

なんだかいろいろ、今年もまた、大変なことが重なっているのである。

自宅に居座っていれば、塗料の溶剤の匂いが凄いし、窓を開けて風を通すこともできない。エアコンをかけることはできるのだが、エアコンをかけていると腰痛の具合がよくない。胆石から来る腹痛にもひびく。

かといって外出しても、夏休み中のお子ちゃまスポットは、どこでも元気の良いお子たちでいっぱいだ。なかなか、これまたお腹の痛いパパには堪《こた》える場所だったりするのである。

そんな親の側の思惑もよそに、コドモはこの夏、着々と鉄オタ（鉄道オタク＝鉄道の車両の型式や名称にとても詳しく、細かな差異を見つけては喜んでいるマニア）へ育ちつつあるのであった。

以前からしばしば、男の子の育児を経験した女性に「男の子は車か電車のどちらかを好きになるものよ」と言われることがあった。しかし、僕自身は車も電車も好きになったことはなかったので「へー？」と気にしていなかった。

僕がコドモの頃は、動物のぬいぐるみ*が好きだったのだ。

そして、今に至るまで、車も電車も特に好きではない。電車は交通機関として利用しているのだが、特に型式などを意識したことはなかった。

しかし、鉄オタ道を走り始めた我が息子にとっては違う。

「とーざいせん、ぜろごーけい、だね？」

コドモにそう言われたときには、何のことかと思った。僕たちは家の近所の駅から、東京メトロの東西線に乗ろうとしていたのだ。

「あっちは、いーにーさんけい、だね？」

向かいのホームに到着した車両を見て、またコドモが言った。

*動物のぬいぐるみ
テディベア一体を偏愛していました。名前は「テチャ」。あとは誰かがオーストラリア土産に買ってきたコアラの人形（名前は「シドキチ」）とか。コアラは大人になってから実物を見たが、実物はあまり可愛いと感じられない。

電車の側面には、それぞれ05、E23の数字で始まる番号が書かれていた。その数字に続いて、さらに三桁の番号が書かれている。そのときまで、僕は車両の側面に書かれている文字が車両の型式を表すものだとは知らなかった。

しかし、うちのコドモはまだ数字も文字も何も読めないのだ。それだのに、車両の形を見て、それが××系という型番なのだと指摘してくる。

勝手に覚えたわけではない。うちのコドモに鉄道の型式を吹き込んだのは、相棒である。相棒はコドモの鉄オタへの傾斜を見てとるや、自分も一緒に鉄道の雑誌やサイトを閲覧して、コドモとの共通の話題を仕込んだのである。さいきんそういう母親が多いらしい。そういう母親のことを、略して「ママ鉄」と言うのだそうだ。

僕が胆石の検査だの治療だので病院に通っている間に、相棒はコドモを連れて「地下鉄博物館」なるスポットにまで詣でてしまった。

コドモは東京メトロの各線の名前を、路線図の色で把握したようだ。東西線は青。丸ノ内線は赤、半蔵門線は紫で、千代田線が緑。日比谷線は灰色で、副都心線が茶色、銀座線がオレンジっぽい黄色で有楽町線が明るい黄色なのである。南北線は青緑だ。

そして、そういう色の縞模様が入ったシャツを着て、一つ一つ嬉しそうに「××せーん、○○せーん……」などと連呼している。シャツは地下鉄とはまったく関係ない。ただの虹色の縞シャツだ。

まあ、そんなに地下鉄に夢中なのだったら、少し乗せてやろうか。

僕はお盆休みの期間を利用して、都心にコドモを連れ出した。かつて通勤していたときの行き方*を辿《たど》って、新宿御苑に連れていってやろうと思ったのだ。

「丸ノ内線、乗りたい？」

「のりたい、まるのうちせん、のりたい！」

コドモは大はしゃぎだった。僕たちはお盆休みで比較的閑散としている地下鉄に乗って、都心に出かけた。大手町で東西線から丸ノ内線に乗り換えるとき、そこそこの距離を歩く。記憶ではそんなに大変な道程ではないはずだったのだが、いざベビーカーを押して乗り換えようとすると、幾つもの階段が僕らの足を阻んだ。

「こ、こんなに階段ばかりだったなんて！」

会社員だった五年間、ほとんど毎日歩いていた乗り換えの道だったのに、階段について何も記憶していなかったことにびっくりした。ベビーカーを抱えて階段を上り、階段を下りる。周囲に他にベビーカーはなく、コドモの姿もない。丸の内はオフィス街、お盆休みであってもコドモが出入りする場所ではない。しかし、乗り換えようとしているだけなん

*かつて通勤していたときの行き方
なんかいかにも、パパ電車本当は好きじゃないから、みたいな感じがして情けない気もします。あんまり電車乗らないし、乗りたくないからねえ……。でも、言い訳じゃないが毎日電車通勤していると、電車キライになりません？

だが……。

ようやく丸ノ内線のホームに辿り着き、コドモに丸ノ内線を見せてやろうと思った。

しかし、いつの間にか「ホームドア」というものが設置され、一メートルくらいの不透明な銀色の壁が車両とホームの間に立ちはだかり、特にコドモの目線からはまったく車両が見えないのだった。

「こ、こんなものができているなんて。ウワサには聞いていたが、月日の経つのは早いものだ」

僕は予想外のことに戸惑いながら、しかしそれも仕方あるまいと諦めた。

僕がうつ病で会社を辞めたのが二〇〇四年。そのときはまだ飛び込み可能だった丸ノ内線も、いつしか安全対策が徹底されたのだろう。しかし、南北線の半透明な三メートルというホームドアと異なり、不透明だが一メートル。根性を出せば飛び越し可能なただの壁である。

南北線のホームドアは、車両が見えるんだがなあ……。

「いや、ほら、丸ノ内線、来たよ。さあ乗ろう」

ベビーカーを転がして、すいている車両に乗る。

「どうだ？　丸ノ内線だよ、楽しい？」

コドモは憧れの丸ノ内線に乗ったのにもかかわらず、外から車両を一度も見なかったこととと、乗ってからも窓の外に何も見えないことも重なり、既に退屈気味なのだった。

「だからぁ、まるのうちせーん、のりたーい」

と言われてしまうが、ほら、これが丸ノ内線なのだ。あー、そうは言っても、そうか、電車というのは中に乗ってしまうと意外に楽しくないものなんだなあ。他の駅に着いて、降りてみても丸ノ内線の車両は見えないし……。

新宿御苑に着いて、中に入ってみると閑散としていて、それはそれで良かったのだが、遊びに来たのにしては暑すぎた。パパちょっと失敗だ。


さて、コドモは地下鉄の次に「新幹線*」なるものに夢中になった。

いろいろな新幹線について描かれた絵本が一方の保育園にあった。もう一つの保育園には絵本はないが、新幹線の形のオモチャがあった。もう新幹線となると、これは、僕には形の区別がまったくつかない。どこが違うのかわからないが、コドモは一つ一つ取り上げて「えぬななひゃっけい、いーよんけいまっくす、どくたーいえろー」などと叫んでいる。僕にはなんのこっちゃわからんである。

しかし、パパは地下鉄で踏んだ轍《てつ》はもう踏まない。新幹線に乗せてやろうとは思わない

*新幹線
しんかんせん。しょっちゅう口に出して言っていると麻痺してくるけど、「新しい」「主に使う」「鉄道」ということなんだろう。だいたい僕が生まれた頃(東京オリンピック)にできた。じゃあもう「新しい」とは言えないぞ。どういうことなんだい……と思っていたら「新快速」とかそういう存在も気になってきた。もしかして「新」って「小さな駅には停まらない。速い」って意味なのか?

のである。たとえ「しんかんせん、のりたーい」と言われても、新幹線に乗せるのではなく、見せてやればいいのである。学習したぞ。

相棒が仕事の打ち合わせで使っているという、東京駅前の丸の内オアゾというビルの中にある喫茶店*からは、東京駅の新幹線ホームが見えるのだそうだ。そこで、相棒の打ち合わせにコドモ共々くっついていき、新幹線の発着を見せてやることにした。

これはなかなか良かった。階下に線路が見えるとはいえ、そこは室内。この猛暑でも空調のよく効いた場所で、オレンジジュースを飲みながらぼーっとできるのである。

コドモは勝手に「はやて〜、こまち〜、れんけつしゃりょう。まっくす、つばさ」などとぶつぶつ言っている。ときどきエキサイトして叫んだりもするが、在来線もしょっちゅう通るので「ほらほら、京浜東北線」などと注意を喚起してやれば、また静かに鉄道ウォッチングに戻ってくれるのである。どさくさに紛れて、少食で困るコドモにハヤシライスを食べさせるのにも成功した。

帰り道、丸の内オアゾというビルには大きな書店*が入っているので、何か鉄道の絵本でも買ってやろうと思い、コドモにあれこれ見せて回った。しかし、最終的にコドモが喜んで所望した本は「鉄道ファン」という、写真がいっぱいのまさに「鉄オタ」っぽい雑誌

*丸の内オアゾというビルの中にある喫茶店
M&C Caféというお店です。喫茶店だけどハヤシライスが名物。このお店ではビルの持ち主である丸善の創業者の名前を取って早矢仕ライスと表記されている。

*大きな書店
大きな書店が入っているというか、大きな書店が持ち主のビルだったのだ。丸善です。この頃はよく勝間和代さんのトークショーとかやっていた。

なのだった。コドモは嬉しそうに。

「これでーす、これでーす」

と笑っている。

しょうがないな、僕も少し鉄道を勉強してみるか。

ところで、鉄道には疎い僕なのであるが、オタク性格はクラシック音楽こだわりで発揮されている。八月半ばに、なんとＣＤ*が出てしまった。

*ＣＤ
ＣＤといっても、僕が歌ったりしているわけではない。ドラマ「ツレがうつになりまして。」で使われたクラシック音楽を網羅し、闘病からの回復過程をなぞるように配置した『ツレうつクラシック』なるクラシックコンピレーションアルバムがコロムビアミュージックエンタテインメントより発売。定価二一〇〇円。この『ツレうつクラシック』のジャケットには、あの「ツレがうつになりまして。」に登場する「四十而不惑」のお皿を作ったときに同時に作られた「てんてん、ツレ、イグ土鈴」があしらわれております。

もうじゅうぶん
遊んだろ？
行くよ
おわり
おわりじゃないよっ
すごい反抗

うちのコドモは二歳半になった。あの悪夢のようだった一歳六ヵ月健診から、既に一年が経過したことになる（註、一歳六ヵ月健診については、拙著『育児ばかりでスミマセン。』の133頁をご覧ください）。

なんだかとても遠い昔のことに思えるが、思い返してみよう。

うちのコドモは、おそらく偏食から来ると思われる小ぶりな体格と、夏場の夜泣き、さらに一歳六ヵ月時点で「ママ」という単語を口にしたことがないという点を問題視され、大学病院での精密検査と、その後の発達外来への通院へと話がつながっていってしまうのである。

発達外来へはほぼ半年通った。

当初は「たっくん」とか「かっこう」など喃語《なんご》しか喋れなかったコドモであるが、その半年の間に、コトバと対象物との対関係に気づき、呼びかけることや不在を嘆くこと（僕の姿が見えないときに「パパァ〜」と泣くこと）を覚え、形容を覚え、二語文を習得したことを披露したあたりで、発達外来はひとまず卒業となった。

二語文の披露とはいっても「クツシタ、はく」とか「アンパンマン、みる」とか、そんな程度である。しかし、その様子を医師が観察していて「半年遅れくらいだけど、順調に育っている」と判断されたわけだ。

とはいえ、その後も偏食が続き、体格は小ぶりのまま。コトバのほうも「ママ」という単語は使用できず。うちの相棒に対する呼び名は「ハハ」で決着した。

発達外来の卒業が、二歳の誕生日と同じ頃。その後、保育園に週三回通うようになり、コトバの面でもどんどん成長が見られるようになってきた。

そして、いわゆる二歳児らしいイヤイヤ*を示すようにもなった。

二歳児らしいイヤイヤ。いわゆる第二反抗期とか「テリブル・ツー（厄介な二歳児）」などと言うやつである。それまで親の要求をぼんやり受け入れていたところから、自我が目覚めてくるということなのだろうか。

最初は主に食事の時間に。食べたいもの、食べたくないものへのこだわり。そして、まだ寝ていたい、あるいは遊び続けたい、そんな「快」「不快」の自分なりの主張から始まって、今では趣味的な事柄も含めて「自分はこう思う」という意見を示すようになったのだ。

周囲とは違う、個としての自分の表明である。

それを、覚え始めたコトバを使って行う。独立した一本の幼木としての存在を、人間の

＊二歳児らしいイヤイヤ
あとでわかった。このときのは全然なまぬるい。ほとんどテリブルじゃない。三歳前に激辛級のがやってきます。

叡智《えいち》の賜物であるところの言語の上でも表現するようになったのだ。

しかし、親からすると、「それが成長か？　そんなものが成長なのか？」と突っ込みたくもなる。

コトバが不十分だったときは、不愉快だったりイヤだったり食べたくなかったりしたとき、とりあえず「泣く」ことが多かったわけだが、それにコトバが乗っかったとて……。「イヤ〜、イヤ〜」「たべたくなーい、いななーい（要らない）」「テベリ（テレビ）けして、おしまいだよー」などと、そんなような泣きゼリフにしかならない。幼稚な要求が飛んでくる。

もちろん、進歩である。進歩なのだが、メロディーに歌詞が乗っかったというか、まあ、うっとうしさ倍増なのである。

そして、個としての主張は、たびたび「ただの思い込み」とか「できない相談」とか「無理難題の押し付け」とかも入っている。

「ジュース、のみたいの。ももジュース*。ももジュース」（冷蔵庫の中にジュースがないときでも要求する）

「えのでんテベリ（江ノ電の走行の録画）みせて、いま、すーぐー」（ハードディスクレコーダーに入っていていつでも見られるのだが、でも他の番組の録画中などに言われると、

*ももジュース
キリンビバレッジ製の「乳酸菌とろとろ桃のフルーニュ」がお気に入り。いつしか、これを「マッコリ」と呼ぶようになってしまった。マッコリとは、韓国で飲まれる乳酸菌で発酵させたお酒である。僕が「とろとろ桃のフルーニュ」を「これはマッコリだ」と教えてしまったのかな。ソックリだったから。いつしか「マッコリ」になった「ももジュース」を所望して、楠トシエさん歌う「おーい体操だい」の替え歌で「マッコリマッコリズンズンズン」と要求するようになってしまった。

親としては「今ダメなんだよ」と言うしかないのだ

「ほいくえん、いきたい。びょういん、いくの」（保育園のない日に連れていけとせがむ。または小児科の待合室*で遊ぶのでも良いと妥協案を提示しているらしい）

しまいにこちらも「うるさいぞ、くそガキ」などと、汚い一喝を浴びせたりもしてしまう。周囲に誰も人がいないと、そんなふうな態度を取ってしまうが、しかしそういう汚いコトバを繰り返して言っていると、コドモもそういうふうに言うようになってしまうかもなあ、という危惧《きぐ》もないではない。だから本当に頭に来たときにしか言わないようにしているが。

さて、問題なのは周囲に人がいる場所でのテリブル。いわゆるスーパーでの「これかってちょーだい。かってー。かってー」床にゴロン攻撃である。

他のコドモがそれをやっているのをしばしば目にしていて、いつかうちのコドモもやるだろうと思っていた。覚悟はしていたわけだ。そして、ついにその日が訪れた。

自分のコドモが、スーパーの床で転がって要求を繰り出す光景というのは、なかなか格別の感がある。

そのとき僕が最初にやったことは、ｉＰｈｏｎｅを取り出して写真を撮るということで

＊小児科の待合室
通いつけの小児科の待合室に、鉄道のNゲージモデルが設置されていて、これが見たいらしい。あと耳鼻科の待合室からは東京メトロの東西線ホームが見える。どちらも大好きらしい。

あった。

冷静だったわけではない。頭に血が上って、どうしていいかわからなくなって、とりあえず記念写真を撮ったのである。

コドモがそういうことをしているのは、珍しいことではない。だから誰も注視はしていないと思う。でも、親としては恥ずかしい。焦る。悠長に撮影しているというのも実はけっこう恥ずかしい。

なので、すぐにコドモを引っ張り上げ、頭を抱えて外に連れ出した。周囲に十分な空間があるところまで来ると、コドモを立たせ、頭をペタペタと殴った。

「バカなことを言うんじゃありません！」

そう怒鳴りつけた。コドモはキョトンとしていた。

しかし、その日から、僕と相棒が口喧嘩をすると、コドモが「バカなことじゃありません」と言うようになってしまった。かなり印象的だったようだ。

さて、それから、外出先で理不尽なゴロリン攻撃を受けるたびに、僕はiPhoneで写真を撮り続けた。最初の一枚が写真としてはかなり面白かったので、コレクションにしてみようと思ったのである。写真はまもなく二桁に届く。そのうちにコドモも「恥ずかしい」ということに気づくだろう。だからこれは、本当に一過性の記念写真なんだと思う。

思うんだけど、現在進行形で増え続けている。泣き落としのセリフも、なんだか複雑になってきて、手が込んだものになってきた。

「ちーとくん、かわいそうなんです。しんかんせん、いっしょにいたいんです。こんどだけ*なんです。ああ、しんかせん、ワーッ」

などと、新幹線のオモチャのついた食玩をねだってみたりする。

祖父母が一緒にいると、おろおろと買ってしまったりしそうな演技力が入っている。

祖父母だけじゃない。相棒もすでに籠絡《ろうらく》されている。いや、僕もこっそりあとで「あれは買ってやれなかったから、こっちで喜ばせてやるか」などと穴埋め行動に出てしまいがちだったりもする。

親として一本の堅牢《けんろう》な木でありたいという気持ちとは裏腹に、既に、コドモの人格に振り回されて、趣味や嗜好までが変化を遂げてきている僕たち両親である。

そうは言っても、たぶんまだ全然。だってうちのコドモ、まだ数も数えられないですから。自分の氏名もきちんと言えないですから。年齢だけは「二歳六ヵ月」と言うようになった。でも実は、もう二歳七ヵ月になったんだよね。先週。

*こんどだけ
うそだ！　コドモはみんなそう言うらしい。親も一度はだまされる。だからスーパーなどで「この前、こんどだけって言ったじゃない！」と怒っているお母さんもよくいる。理屈じゃないよな。「いまボクはがまんできない、したくない」という意味だよな。

トイレトレーニングのためにに買ったアイテム
こども便座
かいだん
こーやって使う
こども便座
かいだん
ウンチさーんでておいでー

二歳七ヵ月になったうちのコドモは、まだお尻からオムツが取れない。

目下の体重は九・八キロくらいなので、パンツタイプの紙オムツのサイズは「L」というものである。Lサイズの紙オムツの指定体重は九〜十四キロというものなので、まだまだサイズにも余裕はある。その上に十七キロまで対応できる「ビッグ」というサイズもあることだし……。

しかし、体が小さいのをいいことに、いつまでも紙オムツに頼っていちゃいけないのかもしれない。

パパ友たちの情報によると、同級生にあたるコドモたちは来春からの幼稚園のための面接で「オムツは取れましたか？　園に来るまでに取れるようにしてくださいね」とプレッシャーをかけられた*そうだ。

うちは保育園なので、直接そういう話は聞かないが、保育園でみんなしてときどきトイレに座ったりしているという。たぶん、うちのコドモはまだ上手にできない。

「まあ、体も小さいし、そのうちできるようになるからいいだろう。トイレトレーニングが遅かったから、大人になってまだオムツをしている、という人には会ったことないもんねー」

というのが、僕と相棒の気楽な意見だったのだが、やっぱりぜんぜん努力しないという

*プレッシャーをかけられた
まあ、つまり「みんな取れていない」のです。でも、「園に来るまでに取れるようにしてください」と言われても、早生まれのコは厳しいぞ。

のはよくないのじゃないか……と気になってきた。

海の向こうのアメリカでは、五歳になったコドモに紙オムツをあてがっていたとして、親に児童虐待の判決が出ているらしい。刑罰は数十時間の社会奉仕だそうだが……。五歳になってもオムツが取れていないと、虐待なのか。

急に心配になってきて、コドモと一緒に最近めっきり足を運ばなくなった「ベビー用品」のコーナーに行ってみた。売っているものを見てみるとトイレ関係では「おまる」と「コドモ用便座」がある。組み合わせで販売されているものもあるし、単体で売っているものもある。

さらに、自分で便座に上がるためだろう。踏み台もある。あるいは「おまる」が「台」として使えるように変形するものもあったり……。

商品の説明を読んでいると、僕はショックを受けてしまった。

「トイレトレーニングは六ヵ月頃から始めましょう。六ヵ月、ステップ一、おまるに座らせておしっこをする。一歳、ステップ二、自分でおまるに座っておしっこをする。一歳六ヵ月、ステップ三、コドモ用便座を使ってウンチやおしっこをする……」

何っ？　一歳六ヵ月でステップ三だと？　自分で便座に座るだと？

うちのコドモは二歳七ヵ月だが、何もやったことはないぞ。いや、保育園で何かしているらしいということはある。でも、らしいというだけで、うちでもやりたいというそぶりなどないし……。

うーん、とりあえず、これは商品のメーカーの希望を言っているのだと理解しておこう。

そもそも六ヵ月のコドモ（ハイハイすら未達成？）をおまるに座らせることに意味があるとは思えない。まあ、一歳六ヵ月で便座を使ってもいいのだとすると、おまるを使うような時期は「とっくに終わった」ということだけはわかった。

ということで、コドモ用便座（大人の便座の上にはめこんで使う）と、便座に上るためのプラスチック製の階段形をした「踏み台」のみを購入して、我が家に戻る。

「ちーと君、トイレ、使ってみる？」

「つかってみる！」

まず興味を示してくれたので、我が家のトイレに「踏み台」と「コドモ用便座」を置き、これはこうやって使うんだよ、と説明してみた。

「トイレ、つかう。トイレトイレ」

コドモは嬉しそうに、やっこらせ、と踏み台をトイレの前に置き、コドモ用便座をセットする真似をした。やらせてみたところで便座のセットはちょっと難がある。上下を間違えたり、前と後ろを間違えたり、そもそも便座を便器の中に落としてしまいそうになったり……。なので、コドモが自分でやっている感を体験させつつ、実際は親がしきってやるということになる。というか、そもそもパンツや紙オムツを自分で脱ぐことはできないわけだし。

それで、コドモを下半身裸にして便座に座らせるのだが、だぶだぶのシャツなどを着ていると、シャツの前がオチンチンにかかってしまう。コドモ用便座にはプラスチック製の小さな「キンカクシ」がついているので、その外にシャツをひっぱってやればいいのだが、コドモが動くとすぐまた内側に入り込んでしまうので、結局シャツも脱がせてしまうことになる。つまり、全裸でトイレの上に乗っている状態になる。

「なるほど、トイレトレーニングは夏から始めましょう、という意味がよくわかったぞ」と思った。暑い夏だったので、全裸でも何も問題はない。

しかし、コドモはウンも小もしない。そのうち退屈して「もうおわり」と便座から下りてしまう。そしてなぜかタンクのレバーを動かして水を流す。それがどうやら「一番やってみたかったこと」らしい。

そんなような、裸にして自分で台を持っていって「トイレに座ってみまショウ*」みたいなことを根気よく繰り返す。まさにトレーニングである。

そのうち、ちょっとオシッコができたときもあった。

*トイレに座ってみまショウ
テレビ朝日系の長寿番組「題名のない音楽会」現在のメインパーソナリティーの指揮者佐渡裕さんが「新しいページをめくりまショウ」とやっとります。息子の大好きな番組だったので、まあ、それふうに。

ウンチをしそうなときに、うまく座らせると、見事ウンチをしたときもあった。

そして得意げにタンクの水を流した。けれども、「した」ときも「しない」ときもタンクの水を流してしまうので、親が少し目を離したときなど、「した」のか「しない」のかを判断するためには「お尻にさわる」「オチンチンにさわる」ということをして確認しないといけなくなった。忙しいときだと手間がかかる。というか、アタリだとちょっと汚いわけで……。

「ウンチさーん、でておいで」

などと便座に座って叫んでいるコドモを見るのはなかなか可愛いものがあるのだが。

服を脱がせて、オムツを取って、座っている間のコドモをそれとなく監視して、さらに「した」のか「しない」のか判断する。時間にして約十分くらい。結局出ないことのほうが多い。

「トイレトレーニング、面倒くさいぞ!」

最初に相棒が音を上げた。

「トイレいきたーい」

と言われても、状況によっては「オムツはいているんだから、そのまましなさい」と言っていたりする。それじゃ全然トレーニングにならないよ。

そうこうしているうちに、コドモもトイレが面倒くさくなったらしかった。

黙って親の顔を見てニヤニヤして、腰を振ったりしている。

「あっ、ウンチ出そうなの？」

と訊いても、何も答えない。

そのうち匂いもしてくる。

「あっ、ウンチ出たろ！」

「でない、ウンチ、でない」

とコドモは答えるが、いきなり逃げたりもする。逃げ足も速くて、公園や外だったりするとずっと捕まえられなかったりもする。

しかし、オムツの中にしっかりとウンチは出ているのである。

ウンチのときはそのように、何か怪しいアクションが伝わってくるのだが、オシッコに関しては*もうすっかり音なしである。知らぬ間にオムツがパンパンになっていたりする。

挑戦はしてみたものの、親の怠慢ゆえか、コドモの現状維持志向がまだ強いゆえか、全然目的地に近づけないでいる。そうこうしているうちに、コドモ用便座の出番もすっかり

＊オシッコに関しては
これは紙オムツの性能が良すぎるため、オシッコし放題にしても快適だからかもしれません。多少性能を落として不快感を与える「トレーニングパンツ」なるものもあるんだけど、なんかわざわざ性能を落とされて、損みたいじゃないかと思ってしまうので、ついつい買いそびれてしまいます。

少なくなってきてしまった。

二歳七ヵ月、トイレトレーニング第一弾、失敗である。

息子の「鉄」な感じ
カシオペアのってみたいなー
やまのてせんかってみたいなー
鉄道ファン
♪チャーヤーヤーヤ
チャーヤーヤーヤーヤヤン
いちばんせん
ドア
しまります
ごちゅういください
フンフーン
ガタンガターン
ガタンガターン

うちの息子はあいかわらずの「鉄オタ」である。

その一日は「鉄道的な」ものとともにある。朝起きたときから「やまのてせん、どこいくのかな？」と始まり、保育園に行くときは「保育園に行って新幹線（のオモチャ）で遊ぼう」と連れ出され、お迎えのときに「何して遊んだの？」と訊かれれば「ビヨック（ブロック）で、えのでんつくったの」と答える。戻ってきてからも、鉄道の雑誌を眺めるか、パパに鉄道のゲームで遊んでもらって一緒に見るか（まだ操作は難しくてできない）、鉄道のオモチャを床に這《は》わせて「なりきって」いるか、あるいはテレビをつけてもらって鉄道の番組（あるいはＤＶＤ）を見る。そんなこんなで時間を潰し、お風呂に入るときは「しゅっぱつしんこう」と掛け声をかけてもらわないと行かないし、寝るときは「もう遅いから車庫に停車して寝よう」と言ってもらってやっと寝る。もちろん寝言も「じぇいあーる、にしにほん、かうんだよう」と、親としてみれば「何を買うんだ？」と突っ込みたくなるような寝言を言いながら寝ている。

最近、語彙《ごい》も増えてきた。いろいろなことを言うようになってきたわけだが、その語彙にももちろん「鉄道的な」バイアスがかかっている。以前はできなかった「くる」「いく」「つく」などの言い分けがかなり正確にできるようになった。「のる」「おりる」「みおくる」「まつ」など、そういう動詞はバッチリだ。名詞は「かもつしゃ」とか「しながわえき」とか「ごたんだ」とか「ゆうせんせき」とか「マナーモード」とかそんなのばかりだが。

以前はあまり好きではなかったベビーカーも「せいげんにじゅうご」とか「のぼりこうばい」とか、そんな掛け声をかけてやるだけで「がたん、ごとん、がたん、ごとん」と、ずっと列車になりきって乗っている。それどころか、あのガンコな偏食でさえも「やまのてせんが、すごいっていってるよ」「けいひんとうほくせんが、わー、おにいちゃんになった、っていってるよ」と、「電車のキャラクターが応援してくれる」という設定をするだけで、かなりの克服する努力を見せるようになった。

コドモにとって周囲の世界は、まだすべてが自分を中心に語りかけてくれるアニミズム的な様相を示しているらしいのだが、それは同時に「鉄道的な」ものであり、電車や列車の固有名詞を伴って、その立場から語りかけてくるらしい……と難しく分析しておこう。

それで、その半ば妄想的な「鉄道的な」ものが世界のすべてなのだが、その鉄道的な世界観を支えているのは、本人と世界に存在する鉄道だけではない。第一に親である僕たちが加担してしまっていることは否めない。

コドモが鉄道の名前を覚え、あれを見てみたい、このオモチャが欲しいとリクエストするたびに、それに匹敵する知識を蓄え、オモチャを購入してしまう、通称「ママ鉄」となってしまったわが相棒は、その加担の第一責任者である。

次に父親の僕。「コドモの頃乗り物に興味がなかったんだ」と言い張っていたものの、コドモの興味をひきつけるために「電車でGO！　旅情編」*という、江ノ電を操縦するシミュレーションソフトを中古で買ってきてしまった。「江ノ電」を操縦しつつ、さらに「京浜急行」がシリーズにあるのを発見し、「そういえば小学校の一、二年生のときには、電車の操縦席の後ろでずーっと見ていた時期がある」と過去の記憶の発掘をしてしまったりもした。小学校一、二年生のときは横浜に住んでいて、京急に乗って逗子に出て、さらに国電、江ノ電を乗り継いで鎌倉に住んでいた祖父のところに遊びに行くことがよくあったのだ。「電車でGO！」シリーズは、ついに山手線や中央線が運転できる「ファイナル」を購入してしまい、さらに中古市場で定価よりも高く売っている「専用コントローラ」*なるものまで購入してしまった。夕食後に「パパにゲームであそんでもらいたい」と言い出すのは、まさにこれである。今のところ一ヵ月くらい、ほぼ毎日遊んで（遊ばされて）いるのではないか？　乗り物の運転がうまくできたためしのない僕なのだが、ゲーム上での運転技術はさすがに向上してきたようである。

＊「電車でGO！　旅情編」
タイトー社製のプレイステーション2用ゲーム。江ノ電の他に京福電気鉄道（嵐電）、函館市交通局（の路面電車）、松山の伊予鉄道が収められています。発売時の販促ソングが氷川きよしさんだったらしく、最初やエンディングに流れる曲がちょっと演歌チック。

＊「専用コントローラ」
「旅情編専用コントローラ」ではなく、「タイプ2のツーハンドル」仕様というものを買ってみた。振動内蔵なので、使っているとガコーン、ガコーンと手元で動く。見た目はとってもオモチャなので、これを買ったとき相棒に白い目で見られた。値段を言ったら呆れられました。

さらに、もう一つ「鉄道的な」世界を支えている重要なものがある。それは他者による妄想。いや、きちんとした作品に昇華され構築されているので、すでに妄想ではなく、りっぱな芸術作品と呼ぶべきなんだろう。それは「きかんしゃトーマス」の世界である。

正確に言うと「きかんしゃトーマス」のアニメ。ケーブルテレビで、一話五分のエピソードが三話まとめて放映されるものである。「トーマス」の世界では、機関車に顔がついていて、口を動かし喋っている。人間も出てくるが、こちらのほうが動きのない人形だ。

……と、この文章を書くために調べてみた。あちこちの文献も読んでみた。原作は英国の牧師、ウィルバート・オードリーさんが息子のために考えた話だそうだ。さらに息子が後を引き継いでシリーズを続けている。クリストファー・オードリーさんという方らしい。

しかし、アニメに見えたあれはコマ撮りのアニメーションではなく、模型を用いて撮影された「人形劇映像作品」ということだ。そういえば僕がコドモの頃「サンダーバード」という同じカテゴリーに属するこの手の作品がテレビで放送されていた。英国はああいうのが得意なのだ。

で、その人形劇映像作品を制作しているのが、ブリット・オールクロフト社。社長の名前がそのまま制作会社の名前になっているので、ブリット・オールクロフトさんという人が手がけた映像作品と考えていいのだろう。イギリスの会社だが、番組はイギリスおよびカナダの制作とされている。

この映像作品、話の展開や機関車の表情が面白いのでコドモは夢中になってみているが、僕がいつも気になっているのは「スチーム」である。煙突から出る黒い煙とは別に白い湯気がいつも画面に漂っているのだが、その動きや雰囲気が凝りに凝っているのである。「作った人はオタクだよなあ」といつも思っていた。コマ撮りに合成したものでなく、一発撮りならそんなにタイヘンではないかもしれない。いや、そんなところばかり見ているなんて、僕もちょっとした映像オタク*なのかもしれないが。

正式名称は「きかんしゃトーマスとなかまたち」なのだが、主人公は青い少年の機関車トーマス君。車台番号はもちろんナンバー1である。大きな目がぐるぐると動いてなかなかユーモラスだ。しかし、ときどき憤怒の表情を見せる。これはかなり怖い。般若《はんにゃ》の面もびっくりだ。他のキャラクターも立っている。おおむね機関車かディーゼル車、その他働く車や飛行機などである。車台番号6のパーシーがチビ助でこれは可愛いが、その他はオッサンである。そのオッサンたちが、ひたすら働いている。鉄道的な価値観に沿って鉄道的な世界で鉄道的に働いている。破綻《はたん》しそうな設定もあるが、ストーリーに沿って見ていればまあそれなりに「こういうものだ」と了解できる。妄想のようなワンダーランド。

そして、そんな働く機関車、働く車の上に君臨するのは、トップハム・ハット卿。貴族

＊僕もちょっとした映像オタク
僕の通っていた大学には「情報画像学科」というものがあって、そこの学生と文学部の有志で「千葉大シネマウント・フィルム・パーティー」というサークルを立ち上げた。なぜか僕も人数集めで部員に引き込まれ、気がついたらシナリオを書いたり音楽を提供したりしてました。あまり映画の撮影や制作に積極的に関わった記憶はないが、たまに遊びにいくと他のメンバーはとても楽しそうに活動していた。いい思い出だ。サークルはまだ存在している。もう二十年以上経つはずだが、僕が活動していた当時のメンバーがまだ関わって活動しているらしい。

である。称号にはさらに「サード（三世）」が付くらしい。由緒正しい先祖から続くロード（お殿様）が鉄道会社の最高責任者となっているところも、なんか英国的か。日本語版の放送では納屋《なや》六朗《ろくろう》氏が声優を担当している。さいきん人気のおバカアニメ「スポンジ・ボブ」*のイカルド氏と同じ声だが、キャラクターゆえ格調高く、威厳たっぷりでトーマスたちを叱りつけている。

それで、この「きかんしゃトーマスとなかまたち」の世界も含めて、そんな「鉄道的な」もののなにが、うちのコドモや他のコドモたちをひきつけるのか考えてみた。

コドモにとって、初めて出会った電車がどのようなものだったか考えてみると、「時間を合わせてそこに行けば、いつも走ってきてくれて、乗せてくれる。運んでくれる。信頼できる社会」の象徴なのだと思う。「整備されたインフラ」と言い換えてもいい。そのインフラを支えているのは、実はたくさんの「働く人間たち」なのであるが、コドモにとっては「やまのてせん」や「とうざいせん05けい」というような名称で呼ばれる「はたらくでんしゃ」になってしまっているのだろう。

それは効率的に設計され、効率的に運用されている。さいきん何かと叩かれることの多

＊「スポンジ・ボブ」
「きかんしゃトーマスとなかまたち」を担当の竹村優子さんに見せたら「これは英国のニート対策ですね」と看破していたが、いっそう悪夢のようなのがこの「スポンジ・ボブ」だ。正式名称は「スポンジボブ・スクエアパンツ（パンツは四角）」だが、今世紀のニューエコノミーが浸透した社会の様子を的確に描写している。若者と老人がハンバーガーショップで一緒に時給労働している。目的のない単純労働の日々の中で、とてつもないファンタジーがときどき襲ってくる。あまりにリアルで、ゲラゲラ笑いながら見てしまうものの、気がつくとガクッと落ち込むのです。ときどき実写になるのもエグイ。

い「効率的」だが、多くの人の利益を考える上では欠かせない社会的な合意を考えると、効率的ということを外すわけにはいかない。そして鉄道は、本来どこへでも移動してしまう人間を「鉄道網」という線で捕捉し、定時運行で輸送するきっちりした「システム」でもある。そしてそのシステムの中に「個性的な」名称や車両の型番などが見えかくれするのがまた魅力的なのかもしれない。

「きかんしゃトーマス」の世界では、機関車たちが「自分たちが役に立つ」ことに最大の価値を置き、働くことは喜びだと主張する。その様子はすがすがしく、たぶんコドモにも共感されやすいものなんだろう。もちろんそれは、高福祉社会ゆえのニート問題に悩まされた英国の世相を反映して……と深読みすることもできるのだけど。

ところで、コドモの鉄オタ化に伴い、僕らも大人の鉄オタの世界を少し覗《のぞ》くことになったのだが、そこで「乗り鉄」「撮り鉄」「収集鉄」「模型鉄」などという分類を知った。「乗り鉄」は好きな電車に乗って楽しむことを多く求める鉄道オタクであり、「撮り鉄」は写真、ビデオ、音声の録音など記録を集めるタイプ。「収集鉄」は相棒のコレクションともつながるグッズ収集型だが、極端になると車両そのものを購入して庭に設置する方も！　「模型鉄」は鉄道模型や線路のミニチュアを設置して運行させる箱庭愛好タイプ。

他に時刻表を暗記するほど読む「スジ鉄」。駅弁にくわしい「駅弁鉄」。そして鉄道ゲームを愛好する「ゲーム鉄」などという分類まであるらしい。

今のところ、うちのコドモは未分化なれど、それぞれの分類に少しずつ進出している感じがある。気に入った電車に乗りたいと主張するし、撮影はしないがｉＰａｄを自在に操りＹｏｕＴｕｂｅの映像を勝手に見ている。気が付くと「プラレール」などのオモチャも増えている。時刻表はないが鉄道雑誌は眺めている。そしてゲーム……ゲームだけは、僕の責任かもなあ。

はんきゅうでんしゃかってみたい
ちちぶせんかってみたい
買ってやれっ
龍馬伝
千億円もあれば買えるがじゃろっ
気分は岩崎弥太郎

あいかわらず「鉄道的な」ものに囲まれて生活しているうちの息子である。

今二歳八ヵ月。二歳のコドモだったらこんなものなのだろうか？　僕には二歳だった頃の記憶がない。いや、妹が生まれたとき父の知人の家に預けられたこと、とか、当時住んでいた英国の借家の庭にあった桜の木とか、飛び飛びにぼんやりとした記憶はある。しかし、連続した記憶はない。主体的に何を思ったとかそういう記憶もない。

ということは、うちの息子にもいま現在の生活の記憶は残らないのだろう。

こんなにウルサイのに、こんなに振り回されているのに、こんなに厄介なのに……それに関わっている親のほうだけが覚えていて、この鉄道オタクな息子の頭には（たぶん）記憶が残らないんである。理不尽なことだよな。

あいかわらず、禅問答のように繰り返される。

「やまのてせん、どこいくのかなー」

「ぐるぐるぐるぐる回って、どこへも行かない。夜になったら車庫に入ってねんね」

「けいひんとうほくせん、どこいくのかなー」

「京浜と東北に行くんじゃない？　（または大船と大宮、とか）」

「……やまのてせん、どこいくのかなー」

「………………」

息子は毎日、僕が操縦して見せるテレビゲーム「電車でGO!」で山手線コースを眺め、少しずつ駅名を覚えているので、往年のヒットソング『恋の山手線』*なるものを聴かせて覚えさせてみた。

『恋の山手線』とは、小林旭が昭和三十九年（僕の生まれた年だ）に歌ってヒットさせた曲なのだが、山手線の駅名が全部ダジャレで入っている。ただ、残念ながら我が家に小林旭氏の音源がないので、ドラマ「ツレがうつになりまして。」で相棒の親友役で出演もしていた濱田マリさん*の歌ったもので代用だ。

息子はあっという間に一番を覚えてしまった。二番以降はランダムに組み合わせて歌っている。なんとなく雰囲気は合っている。『恋の山手線』を歌う、二〇〇八年生まれの二歳児。なかなか渋い。

しかし、それが解答の一つだということは理解せぬまま、今日もまた質問は繰り返される。

「パパァ、やまのてせん、どこいくのかなあ?」

「…………ぐるぐるぐるぐる回って、どこへも行かない。パパの人生」

「じゃあ、けいひんとうほくせん、どこいくのかなあ」

おまえ何も聞いてないだろ、と突っ込みたくなるのをガマンする。

＊『恋の山手線』
この曲の歌詞では「やまてせん」と発音しているし、駅名にも西日暮里と浜松町が抜けている。西日暮里は新しい駅のような気がするが、浜松町はそうじゃないだろう。どうして浜松町が抜けているんだろう? そして「やまてせん」はいつ「やまのてせん」になったんだろう?

＊濱田マリさん
モダンチョキチョキズの『ローリング・ドドイツ』というCDに収録されている。昔、モダンチョキチョキズがEXテレビという番組に生出演したときの映像を、僕は録画して持っていたのだが、当の濱田マリさんにお会いしたときにその番組のことを話したら「それ私欲しい!」と言われてビックリした。もちろんすぐに差し上げましたが。その番組では『恋の山手線』を濱田マリさんと舛添要一さんがデュエットしていました。

息子にとって、パパとハハ（相棒）、祖父母やペットたち、近所の知人や保育園のお友だちと同じくらいに親しくて大好きなのが、山手線、京浜東北線、東西線、総武線、そして江ノ電なのだ。「きかんしゃトーマスとなかまたち」や「銀河鉄道９９９」の登場人物も好きだ。あと好きなのは、鉄道関係じゃないが、宮崎駿監督のアニメ「となりのトトロ」と「崖の上のポニョ」の登場人物か。いっとき大好きだった「アンパンマン」の登場人物は少し薄くなった。カラヤンやバーンスタイン、コバケン*（指揮者）、トーコさんやミズさんアサコさん*（少し前の宝塚歌劇団トップ）もしかり。

いま息子が大好きな鉄道たちは、以前好きだったが薄くなってしまったものに比べると、「自分で勝手に」好きになったというところが違う。以前好きだったものは、いわば一緒に暮らしている僕と相棒に「与えられたもの」だったのに、鉄道や鉄道の出てくる作品は、それなりに多くの対象を吟味した中から、息子が意図的にチョイスしたお気に入りなのだ。だから、僕たち親からすると「なんだよ勝手だなあ。パパはそんなに（鉄道なんか）好きじゃないんだ」と思うところもしばしばある。

*コバケン
　指揮者の小林研一郎さん。このニックネームには冠がついて「炎のコバケン」。僕が中学生の頃から、度肝を抜くような指揮をしていて好きでした。学生オーケストラの指導もよくされていたが、温和そうな喋り方をしていたかと思うと「デュワー、ジャーッ、グシャーッ」とものすごい声で旋律を歌うので、学生はあっけにとられるらしいです。小柄で背中を丸めて（伝説のベートーヴェンのように）指揮をしているが、ガニマタでちょこちょこ動くので、うちの相棒は「Gに似ている」と顔を背ける。Gとは、黒くてスベスベした家庭に入り込む害虫のことである。失敬な！

*トーコさんやミズさんアサコさん
　ステージネームをちゃんと言えば、安蘭けい（元星組トップ）、水夏希（元雪組トップ）、瀬奈じゅん（元月組トップ）のことである。ちなみに相棒が好

きだったのは、オサさんこと春野寿美礼（元花組トップ）です。お腹に息子がいるのに、引退公演を観に行ってました。関係ないけど、安蘭けいという名前を聞いて、コンピュータ学者のアラン・ケイ博士を連想する人は少なくないと思うんだけど。東芝ダイナブックから宣伝の誘いとかなかったんでしょうか？

しかし、振り回されるのがまた親。

実は、息子の喜ぶ顔見たさに、家族で鎌倉まで江ノ電に乗りに行ってしまった。鎌倉プリンスホテルの「江ノ電ルーム」に一泊して、眼下に踏切を監視し、朝は始発に起こされる。江ノ電に乗ったら乗ったで、運転席の後ろにかぶりつき状態。それを平日の昼間にやってしまった。とんだ親バカぶりかもしれない。

さらに相棒の実家の近くから出発する秩父鉄道のイベント列車、ＳＬパレオエクスプレスなるものにも乗りに行ってしまった。熊谷から秩父山中まで、蒸気機関車C58に牽引される客車に乗って、ゴトゴトと低速で走っていく。ぜんぜんエクスプレス（急行）な感じではない。雨に降られ、山道では霧にも巻かれ、窓は曇り、蒸気機関車から洩《も》れてくる白い湯気がそこらを漂っていて、まったくどこを走っているのかわからない。

息子は車内で『銀河鉄道９９９』の主題歌を歌っていた。シャレにならないからカンベンしてくれ、と思ったが、それはそれなりにイベント列車の雰囲気には合っていたようでもある。お土産をいっぱい買わされて帰ってきた。

そんなこんなで、息子の鉄道バカぶりに拍車をかける僕たち年配親である。息子の頭の中は、今日も鉄道でいっぱいだ。ところで保育園に行くと、同じような趣味の男の子がちゃんといる。新幹線が描かれたシャツを着て、お互いに見せ合っている。

そういうのを見ると、息子の頭の中もごくフツウの発達をしているのかもしれんと思う。

うちの息子よりも、もう少し大きくなった男の子を持つ親たちに話を聞く機会がここのところ立て続けにあった。すると、皆さんこうおっしゃる。

「鉄道かあ。ちょっと前まで、うちも鉄道に夢中だったなあ。でも、いまは戦隊ものだから」

いまは、戦隊ものだから？

いま現在は戦隊ものに夢中で、もう鉄道は薄れている、ということらしい。

その話を聞いていて、僕は考える。

……ということは、いまこんなに強固に構築されている、鉄道的に妄想された息子の世界も、なんというかパラダイム崩壊的になし崩しされて、今度は「戦隊もの」なる世界がもっと緻密に構築されるということなのだろうか？

戦隊もの、とは正義のヒーローが仲間たちと集団で悪の対立組織と戦うという特撮テレビ番組だ。連綿たる系譜が続いている。

鉄道を卒業して、次は戦隊ものに行くということが、現代日本の男の子の発達の段階ということなのだろうか？

＊シャドウワーク
思想家のイヴァン・イリイチ氏が提唱した用語。文字通り「影の労働」。つまり、経済的な

謎は尽きない。そして女の子がぜんぜんそうじゃない、ということにも納得がいかぬ。うちの息子は、まだ自分が男の子だという自覚すら持ってないように見える。なのに男の子がハマるところの鉄道に勝手にハマり、そしてゆくゆくは戦隊もの、だと！

　我が家の場合、男親の僕が養育に当たり、家事育児にいそしんでいる。役割分担ということでは、僕のほうがシャドウワーク*（社会的な勤労ではない労働）を担当しているし、伝統的な男らしさにはとらわれない生活を営んでいるつもりだ。ただ、女親の相棒が、実に「お姫様ごっこ」ライクな「宝塚歌劇」を愛好していたり、男親の僕はときどき電気製品や情報機器を分解して修理していたりするので、まあいわゆるフツウな（倒錯していない）男女の様相を示していたりすることもある。

　でも、男親の僕は帰国子女ゆえ、ウルトラマンだの仮面ライダーだの××戦隊なるものに夢中になったことはない。いや、しかし、フランスだとてヒーローものの系譜がなかったわけではあるし……。個人的にイジメられっ子だったので、日本に帰国してからウルトラマンごっこなどで怪獣役をあてがわれて、それで正義の味方アレルギーになってしまっただけかもしれない。だから、息子が××戦隊（もっか「天装戦隊ゴセイジャー」*なるものが現在進行形らしい）にハマるときはそれも仕方ないと思って受け入れるしかないのか

数字としては出てこないが、産業社会を支えている必要な働きのこと。僕がやっているような、炊事、洗濯、掃除、買い物、子育てとか帳簿付けみたいなもんです。タダ働き。だけど誰かがやらないと回っていかない。お金を払って発注すると、相当に高くつく。で、問題なのは「女性」が「伝統という力」によって、この「シャドウワーク」に縛り付けられるという現実である。たまに僕のような「男性」が「シャドウワーク」をやっていると、「能力のない男性なのでは？」という目で見られたりもする。

＊「天装戦隊ゴセイジャー」　ゴセイジャーが終わって「海賊戦隊ゴーカイジャー」ってのが始まったんだけど、ゴセイジャーのほうが人気あるような気がします。デパートの屋上ショーとか、ゴセイジャーばっかりだし。それは撮影が終わったから、装備一式を貸し出ししているってことだろうか？

もしれないとも思う。

ただ、希望なのだが、うちの息子がハマるときは「音楽戦隊ゴオンジャー」みたいのがいいです。イエローバッハ、グリーンベートーヴェン、ピンクモーツァルト、ブルーブラームス、レッドヘンデル、みたいな感じね。しかし、故人を特定すると思われるヒーロー名はちょっと難しいかな。

「孟母三遷《もうぼさんせん》の教え」とは…
孟子《もうし》は母ひとり子ひとりの母子家庭。家が貧しかったのでお墓の近くに住んでたところ…
お葬式ごっこしよう
!
孟子《もうし》←
母→
びっくりしたお母さんはすぐに引っ越し今度は市場の近くに住んだ
お肉屋さんごっこしよう
ブタさん切るよ
!
またまたお母さんは引っ越し。今度はよく考えて学校の近くに住んだ。
子《シ》曰《イワ》ク学《マナ》ビテ時《トキ》ニコレヲ…
こうして孟子《もうし》は有名な学者になれたのです。

さあ、そろそろ来年の保育園の申し込みが近づいてきた。十一月一五日に用紙配布で、十二月一日に受付開始なので、この文章が掲載される頃に僕は市役所の「保育幼稚園課」に行って、書類を受け取っているはずだ。

保育園だけじゃなくて、幼稚園の受付もその頃に重なるので、役所は混雑しているのじゃないかと思う。僕が専業主夫の立場を貫徹していたら、幼稚園のほうに行くつもりだった。いろいろ、紆余曲折《うよきょくせつ》あって、うちの息子は保育園に通うことになったのだが、どちらにしても、来年の四月からコドモは毎日「園*」に通うことになる。「園」というのは、つまり、同年代のコドモが群れをなして「そこにいる」場所だ。今の日本の場合、三歳くらいから同年齢集団に組み込まれていくということになるのだ。

それまでは、親とその周囲の環境に馴染んでいる時間が多いわけなのだが。

ところで唐突だが、皆さんは二〇一〇年の九月に発売されて、今も売れ続けている橘玲さんの『残酷な世界で生き延びるたったひとつの方法』(幻冬舎)を、もう読まれたであろうか?

これは、僕にとっても目からウロコ、さまざまな疑問が氷解し、新しい考え方を届けてくれる名著であった。子育て世代の皆さんにとっても必読書でありますよ。

*園
保育園は正確には「保育所」と呼ぶべきものらしい。でも、さらに「認定こども園」なるものも登場したので、ややこしさに拍車がかかっています。保育園こと保育所は厚生労働省の管轄で、幼稚園は文部科学省の管轄。じゃあ認定こども園はというと、双方が関わるということらしい。それじゃあタイヘンだということで、新しく「子ども家庭省」を作るという話もあったりした。それは頓挫しているようだが、なんだか、どんどんややこしくなる。とりあえず、幼稚園と保育所はこども園に統一していく流れを作りたいらしいが、それまでのやり方にこだわりたい人たちも多い。なんかスッキリうまく行く方法はないんでしょうか。

で、既に読まれた方にとっては、乱暴な要約になるので「そ、そんなことが書いてあったのか？」と思われる向きもあるかもしれないが、説明しよう。

この本の中で僕がビックリしたのは、「子供の成長に子育ては関係ない」「子供の成長に親は必要ない」という部分である。ビックリしたが、実は「やっぱりそうだったのか……」と腑《ふ》に落ちたというか、納得したのである。

ここで橘氏は、米国の心理学研究者ジュディス・リッチ・ハリスの研究を引き合いに出している。ジュディス・リッチ・ハリスの著書『子育ての大誤解』は日本語訳も出ているので、この文章を書く前に取り寄せて読もうと思ったのだが、すでに絶版で取り寄せ不可能であった（図書館の蔵書にはあったのだが、すでに予約待ちが二桁《けた》に達していて、橘氏の書籍の影響が窺える……）。なので、橘氏の書籍からの孫引きになるが、ハリスは米国移民のコドモたちが、英語を話せない両親に育てられたのに流暢《りゅうちょう》に英語を話し、やがて母国語を忘れてしまうという現象に注目して仮説を立てる。「コドモの成長に親は関係ないのではないか？　コドモの成長に影響を与えているのは同世代の子供集団なのではないか？」ということだ。

実は、僕にとっても幾つも思い当たる節がある。

僕には米国在住の従弟《いとこ》が一人いる。米国で生まれ米国で育ち、日本語は話せない。しかし彼の両親である僕の伯父夫妻は、二人とも日本生まれの日本育ち。家庭内では日本語で話している。だから彼も日本語を聞き取ることはできる。だけど返事は英語で返ってくるのだ。

また、僕自身もそうだった。ものごころついたときは英国にいて、最初に話すようになったのは日本語だった。そして三歳のときにフランスに引越しをし、現地の幼稚園に通うようになった。それからだんだん、日本語がおかしくなったのだ。小学校に入ったときに日本に帰ってきたのだが、そのときの僕の日本語はどことなく「外人の日本語」じみていたようだ。いつのまにか日本語を忘れかけていたのだ。

橘氏の書籍では、ガードナーの「多重知能*」や、デヴィッド・リカードの「比較優位の原則*」を引き合いに出して、コドモが子供集団の中で「どうやったら自分の力を最大に評価させられるか」を無意識的に計算し、自分の得意な能力を伸ばしていくという仕組みについても触れている。両親から遺伝で受け継いだ性格と、コドモ集団の中で培った能力、これらが僕ら人間の持っている資質のすべてである。そこには親の子育ては介在していない、と説いている。

さあタイヘンだ。コドモに良かれと思って働きかけてやる親の努力は無駄なのか?

＊多重知能
頭の良さは一本道ではない、というのはちょっと考えてみると誰もが思うことだろう。「集中して一つのことをやり遂げる能力」と「みんなの話を聞いて調整する能力」は、まったく別のもので、おそらく相反するもののはずだ。だのに今まで「知能テスト」や「筆記試験」によって測定される「知能指数」「学力」なる数字が「頭の良さ」であるという神話がまかりとおり、点数が高いガリ勉君が、クラスの委員長を任されたりしてきた。いや、それはそれでガリ勉君の足を引っ張ってクラスを平均化するには良かったのかもしれないが。

＊比較優位の原則
国と国との貿易において、たとえ他国と比べて劣っていても、その国の中で優位である産業に特化することによって、経済的な利益を高めることができる……とする分析。この考えを広げて、国と国の貿易だけじゃな

日々を子育てに追われている僕自身の実感からすると、それはとても真実らしく聞こえる。うちのコドモは今、週三回だけ「非定型保育」の枠で保育園に通っているのだが、今朝も出かけるときに大泣きをしていた。大好きだったカエルの顔がついた靴の底が抜けてしまったので、新しい靴を用意していて、それを履かせたのだ。僕と相棒はそれを「おにいちゃんのくつ」と呼び、それを履いて出かけるよう言い聞かせた。

「ほら、かっこいい。もうおにいちゃんなんだから、おにいちゃんの靴を履こうね」

「やだー、カエルのくつ、カエルのくつがいい。おにいちゃんのくつ、いやだ」

「もうカエルさんの靴は、ぼろぼろになっちゃったの。バイバイって言って、カエルさんの国に帰っていったんだよ」

「いやだ〜、カエルのくつ*。カエルのくつ……」

と、コドモは泣き続けていた。僕はコドモを無理やりベビーカーにくくりつけ、それを押して公道に走り出た。コドモは泣き続けながら、靴を脱ごうとした。朝の混雑している公道なので、ちょっと危ない。とてもよろしくない。

すると、幼稚園に向かう母子連れが後ろからやってきた。

「赤ちゃんの声がする」

くて、さまざまな能力を持っている人と人とのやりとりによっても、この原則は成り立っているぞ、と看破したのが橘さんの論旨です。法律家のAさんは法律の能力が八十あるとして、帳簿付けの能力も二十持っているが、帳簿付けの能力が十しかないものの、他の能力がそれよりも少ないBさんに帳簿付けを発注することによって、自分の法律の能力をより活かすことができるんである……というような例えをしていた。しかもみんなが得意なことをやれば、効率も良く幸せになれる、と。

*カエルのくつ
　西松屋で買ってきた。JENNY&JACKとロゴが入っています。一匹がジェニーで、一匹がジャックか。コドモの靴のサイズはあてにならないが十四センチ。実は同じ形の十五センチのものもストックとして確保してある。価格は七百円くらい。

と、女の子が屈託なく言った。うちのコドモは泣きじゃくり続けている。

「お気に入りだった靴を新しいのにしたので、イヤだイヤだって泣いているんだよ」

と僕は説明した。母子は急いでいるようだったが、瞬時に僕の意図を汲《く》み取って、うちのコドモに話しかけてくれた。

「なあに？　新しい靴、かっこいいじゃない？」

「かっこいいよ。かっこいいから、泣かなくてもいいよ」

これだけで、うちのコドモの泣きじゃくりがピタッと止まった。

うちのコドモにとっては、親の僕たちの説得よりも、年の近いコドモたちの評価のほうが重要なのである。あるいは、近所の見知らぬ大人の評価でもいい。家族である親以外の「社会」というものが心の中に萌芽してきている様子が窺える。既にうちのコドモは、その社会の中でどうしたら自分が気に入られるか、活躍できるかということを推し量り始めているようにも見える。

三歳のコドモは（うちのコドモはまだ二歳九ヵ月なのだが）既に社会的存在なのだ。

保育園で遊んでいる様子を見ていると、まだまだ自分の中に籠《こも》ってブロックや電車を床にこすりつけているだけのときもあるのだが、他のコドモたちと一緒に座って「サラダです。たべてください！」「カレーです。めしあがれ」などとやっていることもある。

そんな風景を見ていると、「コドモってサルだなあ」と思うこともあるし、サルは言葉を使ったりしないので、「サルじゃなくて立派な人間なんだなあ」と思うこともある。どっちにしても、同世代のコドモたちと遊んでいるうちのコドモにとって、僕は遊びを中断して帰ることを促す邪魔な存在でしかない。もちろん、僕の顔を見ると嬉しそうに走り寄ってきて、もう帰りたいというそぶりを示すこともあるんだけど。

コドモにとって、親の子育てはたぶん、種子の発芽と双葉の形成に関わるくらいのものでしかないのではないかと想像する。双葉の形が、のちのちの本葉の形と大きく異なるように、コドモは親の世代の価値観から自由になり、自分の属する集団の中で個性と能力を磨いていく。もちろん、中国に「孟母三遷の教え」なる故事が伝わるように、親はコドモが属する社会集団をある程度、意図的に選んで与えることができるし（中国のこの故事もハリスの仮説を後押しするようなものだと言える）ここぞというときに精神力を大いに発揮して「カミナリ」を落とすこともできるんだけど。

よく、コドモは親に育ててもらった恩を忘れ、勝手に育ったような顔をするもんだと言われている。僕もそうだった。親になってみて初めて、コドモを育てるのにかかる手間にびっくりして、「勝手に育ったような生意気な口を叩いていてスミマセン」と親に謝るという人もいるという。いや、まさに僕がそうだったのだが。こうして考えてみると、コドモが親に育ててもらった恩を忘れてしまうというのも、しょうがないのじゃないかとも思う。コドモにとって、親に育ててもらった影響というのは、まさに記憶に残らない領域でしかないのだ。

最初息子はフトンにはいた
ぎょっ
ピュー
わっ
2回目はうまく洗面器に
ピュー
しかし3回目は
もう はかない
といって じゅうたんにはいた
ピュー

さて、前回「コドモの性格に親の子育ては関係しない」という新しい考え方について、私見で検討を加えた。コドモの性格に関係があるのは「親からの遺伝」と「コドモ社会での自主的な育ち」であって、親からコドモへの働きかけ、いわゆる「子育て」は、コドモが言語を獲得するあたりから急速に影響力が薄れていくというものだ。

うちのコドモを見る限り、二歳〜二歳六ヵ月頃にもうそうした傾向ははっきりと確認できたが、一般的には三歳を境に親が頭を切り替えるように誘導されているのではないかと思う。逆に言うと、三歳を境に、親の働きかけの影響は「それ以前に比べて」格段に落ちてしまうので「三つ子の魂百まで」という三歳児神話が生まれたのではないかとも考えられる。

でも、それは三歳までの子育てが大事ですよ、という話ではない。なにせ〇歳、一歳、二歳（数えの三歳）といえば、まだ「子育て」という領域ではない。生き物として基本的な欲求を満たしてやる「育児」をすることが大事なのだ。それでも、その間に親の気持ちが伝わる部分があるのかもしれない。いや、別に、伝わらなくてもなんの支障もない。親が自信を持って日々を生きていくことだけだ。親として。

ところで、今回「コドモ社会で共有されるもの」という題をつけてみた。コドモ社会では何が共有されているのだろう？　たどたどしく話す「共通語での会話」、保育者たちが用意した「温かな雰囲気」、その国その時代に独特なコドモに良いと考えられる「食事」など、「文化」の領域に支えられているものがいろいろあるが。

ここで僕が問題にしたいのは「菌類」や「ウイルス」の話である。

いやーもう、なんというか、コドモは保育園に通うようになると、しょっちゅう何かしら「風邪」のようなものをもらってくる。熱を出し、鼻水を垂らし、あるいは咳をしたりする。症状が重篤《じゅうとく》だと（発熱ならば三十七・三℃を超えると）保育園からお呼び出しがかかり、すぐに連れ戻って自宅待機となる。

昨年（二〇〇九年）は「新型インフルエンザ」が巷の話題を賑わせたが、今年は「ノロウイルス」である。他に「ロタウイルス」とか「手足口病」とか「ヘルパンギーナ」なんてのもある。そういう要注意なウイルスではない平凡な風邪のようなものは、たぶんゴマンとあるのだろう。

体が弱いから、しょっちゅう風邪にやられるわけではない。うちのコドモなどは、たぶん体は強いほうではないかと思われる。熱を出しても不機嫌なりに元気に遊んでいたりもする。

たぶん、だから連れ帰ってからがタイヘンだ。コドモはコドモ社会から、さまざまな菌類やウイルスを受け取り、そうしてその社会の一員となっていくのだ。多くの菌やウイルスは一度感染したら抗体が作られ、二度目の感染があっても発病しない、あるいは菌やウイルスを体の中で生かしたまま、育っていくのだろう。

典型的な例は「ヒトヘルペスウイルス*」である。コドモにとって、いわゆる「トッパツ=突発性発疹」の原因となるこのウイルスは、生涯でただ一度だけその感染（親や家族からと思われる）のときに発熱を起こすことで注目されている。おそらくは人類の歴史とともに共存してきたウイルスであり、現在の人類のあり方に多大な影響を与えているかもしれないのだ。このウイルスはトッパツの原因だったから目立っているのだが、もしかしたらそんなウイルスや菌類は他にもいろいろあるかもしれない。

まあ、うちの息子は、そんな現在の日本の首都圏の保育園で、他のコドモたちと言語とか文化とか食生活と一緒に、菌類やウイルスも共有したりしているわけなのです。

それで、コドモが熱を出したりすると、これは親にとっていろいろと足枷《あしかせ》になる。

それだけじゃなくて、コドモに風邪だのなんだのをうつされたりもする。

さあ、実は今回この原稿は、自分で定めた予定を過ぎてもまだ納品せず、ここでこうして書いているわけなのだが、ここで言い訳が出てきます。

＊ヒトヘルペスウイルス
そもそもヘルペスってなんだろう？　日本語では疱疹（ほうしん）というらしい。その中でも「帯状疱疹」というのは比較的よく聞きます。「疲れると出る」「ストレスで出る」「免疫能力が落ちたから出る」なんて言う人もいる。この病気は、顔や首などに水疱ができてチクチクと痛いらしい。まあその病気の原因のウイルスがこの「ヒトヘルペスウイルス」なわけです。しかしヘルペスってのはそんな感じだが、原因となっているウイルスのほうは人間との共生の歴史も長く、疱疹以外にもさまざまな影響があると考えられている。コドモ育てていると身近な例としては「トッパツ」（突発性発疹）とかね。他にも、もしかしたら幾つかのガンや免疫不全、神経系の病気や疲労症候群、さらにはうつ病のような精神疾患とも関わりがあるかもしれないとのことだ。しかし、これほど共生の歴史が古い（人の九割以上が既に持っていて、母から子へと受け継がれている）

やられました。ノロウイルス。各新聞の記事として「ノロウイルス全国で猛威ふるう」という記事が掲載された本日、親二名が無事戻ってきました。

ノロウイルスの特徴としては「感染してからの発病までの時間が短い」「二十四時間程度苦しむ」「そのあとケロッと治る」というところだろうか。

この原稿を書いているのは、金曜日の早朝なのだが、コドモがこのウイルスを持った他の子と接触していたのが、一週間前の土曜日である。日曜日にはコドモを連れて、僕の友人と西葛西で行われた「ディワリフェスタ*」というものを覗きに行っていた。地元に住むインドの人たちのお祭りである。そこの屋台でカリーを食べ、インドのお菓子*を食べ、ラッシーやチャイを飲んでいた。その日の夜、コドモは食べた夕食をみな戻してしまった。

「おいおい、何か怪しいものを食べさせたんじゃないだろうな」

と相棒に問い詰められ、僕はシドロモドロになった。相棒は家で仕事をしていたのである。怪しいもの……心当たりがないわけじゃない。インドのお菓子というやつは、金箔《きんぱく》だの銀箔だのが使ってあって、いかにも日本のコドモには馴染みのないものに思われたのだった。しかし、吐き戻したものの中には、昼に食べたものは既になかった。

僕は慌てて、洗濯に走ったが、天気は既に雨模様になっていた。

と、その遺伝子自体が人間の一部と言えるのかもしれず、もはや異物ですらないとは思う。

*ディワリフェスタ
ホーリーと並んで大きなインドのお祭り。ディワーリーは「光の列」の意味で、インド暦七番目の月の初日と次の日の間、一晩中電灯や灯明をつけっ放しにしてお祝いするらしいです。インド暦七月の初日は、通常の西暦の十月終わりか十一月の初めくらいの新月の日にあたります。ホーリーが夏の初めの節目に祝われるのに対して、冬の初めのお祭りという感じだろうか。西葛西にはインドの人が多く住んでいるので、こんな催しもやっていました。

*インドのお菓子
ミターイというもの。ともかく甘いんです。ディワリ用にピカピカさせるために、金箔とか銀箔とか使っていた。

コドモは胃の中のものをすべて吐いてしまったことで、また空腹感を訴えた。

「何が食べたい？」と訊くと「プリン」と答えるので、かぼちゃプリンを食べさせた。

しかし、少しするとプリンもみな戻してしまった。

「吐くからあげない」と冷酷に言い放ち、絶食させることにした。するとガブガブとお茶を飲み、また少しすると飲んだお茶を戻してしまった。どうもいけない。その時点では理由がわからない。

僕は何度も洗濯をし、生乾きの洗濯物が部屋に溢れた。

雨は朝になってもやまなかった。息子は夜何度も目を覚まし、不満を訴えていた。腹が減っていたのだろう。それで朝六時には朝食とし、バナナを食べさせた。バナナを一本食べ、どうやら吐くことはないと確認して体温を測った。体温は三十七℃ちょうどだった。月曜日は保育園の日だ。それも我が家から少し離れたところにある保育園だ。月曜日だけは徒歩三十分くらいかけてベビーカーで通うのだが、なぜかいつも月曜日に雨が降る。嵐になることもある。もう半年以上通っているのだが、気持ちよく通うことができたのは、三分の一くらいだったんじゃないかという気がする。この日も雨だった。できれば保育園は休ませたいと思ったのだが、息子は言い張った。

「ほいくえん、いくんだよう、おやすみ、しないの」

そして勝手に靴を履いている。あまり好きじゃない「お兄ちゃんのくつ」を自主的に履いている。わかった。連れていこう。

そして、ベビーカーにビニールのカバーをかけ、僕は大きな傘を持って歩いて出かけた。保育園に到着すると、息子の様子がなんだかおかしい。

「やっぱり、かえる。ほいくえん、おやすみするの」

そんなことを言っている。わざわざ三十分かけて歩いてきた身にもなってみろ。

それで窓口の保育士さんに正直に相談してみた。

「今日は本人が来たいと言ったので連れてきたのですが、どうも本調子じゃないらしい。風邪かもしれないです。体温は三十七℃ちょうどなんですが……」

すると、保育士さんは、まるで我が家での出来事を見ていたかのように答えた。

「吐いたりしませんか？　お腹がすいて食べるけど吐いちゃう、なんてことは？」

「そ、それです。昨日の夜はそんな感じでした」

保育士さんは「ああー」と言って、それから続けた。

「今、そういうお腹風邪みたいなのが流行っているんです。親御さんのお仕事の関係でどうしても、っていう場合は預かっているんですけど……大変なんですよ」

か、風邪なのか？

しかし、保育士さんの言うとおりだとすると、この園でそういう風邪が流行っている。つまり少なくともインドのお菓子が原因ではない。僕は息子の嘔吐《おうと》の原因がわかったことで少し安心した。

「じゃあ、本人も帰るって言っているし、連れ戻って家で見てます。仕事はそれほど忙しくないです。明日も休みですし……」

なんとなく「働いてますけど、今日は余裕あるんです」的な言い訳もしてみたりして。

ということで、息子を家に連れ戻し、少しずつ消化の良いものを食べさせたりしていた。酸っぱいジュースを飲んだときは、またごぼごぼと吐いてしまい、また洗濯物が増える。

翌日の火曜日。勤労感謝の日で全国的に祝日。息子はほぼ立ち直り、午後には相棒に外に連れ出してもらって遊んできた様子。いっぽう、僕のほうが少し腹の調子がおかしい。全体に熱っぽく、早く寝ることにする。

そして火曜日の夜。まず僕が吐き気で戻す。数時間遅れて相棒が参入。一時はトイレの取り合いになる。お腹のあたりが重くて、寝返りをうつと吐き気が起きる。とても苦しい。生牡蠣《なまがき》などの貝類にあたったときの食中毒*と同じような感じだ。この時点では、息子の「吐く風邪」がうつったな、という認識だ。

水曜日の朝。相棒はとても起き上がれる感じじゃない。しかし息子は起きてきて、僕ら

*貝類にあたったときの食中毒牡蠣であたるのはやはりノロウイルスが原因だそうだ。人の体の中で増えたものが下水として流れ、なぜか貝の体の中で蓄積して生きている……のだそうだ。

二人に「おきなさい、おっきして、あさですよ」などと言っている。すこぶる元気なのだ。保育園に連れていかねばなるまい。

僕のほうが比較的回復傾向にあったので、ともかく息子に食事をさせ、着替えさせて、保育園に連れていくことにした。二日前のしたくがまだリュックの中に残っていたので、準備は早かった。

コドモを保育園に送り届けてから、薬局に走る。いつも通っている病院の前はなぜか列ができていた。とても長い時間を待合室で過ごす気になれない。

薬局の薬剤師さんに訊いた。

「何かお腹の風邪に効く薬はありませんか？」

「はあ？」

それで僕は説明した。最初に息子が感染して、それから親二人が感染して、症状はこうで、吐くと腹が減った気がするが、実は食べられない等。

すると薬剤師さんは言った。

「……お客さん、それはノロですよ」

ノロウイルスによる感染症、とのことなのだった。効く薬はなく、水分を補給して、二十四時間程度絶食して耐えると治ると教えてくれた。「気休め程度ですが」ということで勧められた栄養剤と胃腸薬、経口補水液といったものを買って帰る。

その日は午後から取材があったのだが、午前中は布団に潜り込んで寝てしまう。微熱があって、すぐ意識が遠のいてしまう。

その日の午後には、やや回復し、もう一日あとにはほぼ完治した。相棒も同じ。しかし、丸一日以上食事を摂っていなかったせいか、少し食べるとすぐに腹がいっぱいになってしまう。そして刺激の強いものや油っこいものには食欲が湧かず。

というわけで、新聞に記事が出る頃にはちゃっかりもう流行に乗っかってすべてが終わっていた我が家なのだった。いや〜、コドモ同士でいろいろなものを共有するにしても、こんな病気はちょっと困ると思うのである。

それに、僕はたぶん昔も同じウイルスで食中毒になったことがあると思うのだが、また感染したということは、このウイルスでは抗体とかができない（できても一時的）のかもしれない。そんなだとしたら、病気になるだけ損のような気がする。

まあ、いろいろとコドモが外の社会から持ち込んでくるものに、振り回されるのが親であるということだろうか。

息子が1歳10ヵ月の頃
さけ
しゅき!!
さけの おにぎり
息子2歳10ヵ月
おいしい
おさかな くずして ください
さけ1切れ 食べる→

前回、息子を媒介として一家がノロウイルス禍に巻き込まれてしまった騒動を書いた。その後、全員無事に回復し日々を過ごしているのだが、感染から一ヵ月くらいはウイルスを保持し、放出しているという話なので、知り合いの飲食店・喫茶店に足を運ぶのを遠慮している。年末年始のこの折に、ご迷惑をおかけしてもしょうがないと思うからだ。

ところで、このウイルスの騒動の際に、息子にしばらく絶食をさせたのだが、その影響もあってか、そのあと息子の食欲が旺盛だ。食べたことがないものでも、口に運んでみるという習慣がついた。

「おいしくなーい」

とあいかわらず、失礼な感想が飛んでくるが、それでも味噌汁や野菜の煮物でも、一口だけは飲み込んでみることができるようになった。

ところで年末のこの忙しい折ではあるが、うちの相棒、細川貂々の新刊が幻冬舎から刊行される。タイトルは『本当はずっとヤセたくて。』というものだ。食生活や運動習慣から自分の体を見直してみよう、という「ダイエット本」の範疇《はんちゆう》に入る本である。

ダイエットの基本は、食べることと代謝させることの管理だ。

しかしまあ、人間はふつう意識しなくても、代謝したぶんのカロリーを補給して、同じような体型を維持していく。中年になると代謝が減るので、少しずつ肥ってしまったりもする。

……でもまあ、そういうのもいいんじゃないのか。

僕はそう思っているし、自分の見た目のことを気にしないで生きてきた。どうせ他人が見た自分なぞ、自分では生涯知ることができないし、そんなことに意識を注ぐことよりも、もっと楽しいことが世の中にはいっぱいあると思っているのだ。

しかし、見た目とは違う部分で、気になることもある。

それは「健康診断」の結果というやつである。

数字が正常だとか異常だとか、この年齢にしては高すぎるとか、そういうことを突きつけられると、僕は少し弱い。まあ数字だけなら、「成績わるいや」みたいに笑い話にもできるのだが、今年の僕は「胆石症」で、痛くてタイヘンな時間をずいぶん過ごしてしまった。

それで、今年の健康診断の結果というと。僕のほうは、胆石症の対策のために飲んでいる薬のおかげで、肝機能や中性脂肪、コレステロールなどの数値は、例年にくらべるとずいぶん改善された。ただしＢＭＩ数値*が高く、肥満である。血圧もやや高めで、もし高血圧ということになると「メタボリック・シンドローム」であると警告された。

*ＢＭＩ数値
Body Mass Indexの略。直訳すると「体の質量の指数」ということか。体重（キログラム）を身長（メートル）で二回割る。僕の場合、25ちょっとの数字が出てしまう。22が標準。25以上を肥満とするのだそうだ。

いや、僕もダイエットしたほうがいいのかもしれない。

そして、問題は相棒である。

血圧やBMIに関しては問題がなかったが、なんとコレステロール値が高いと警告されてしまった。こちらも「高コレステロール血症」というほどではないが、全体の数値が高いだけでなく、悪玉コレステロールの比率も高いというのである。

相棒は悩んだ。悩んで、栄養学にも詳しい筋トレの師匠*に相談した。相棒は最近はダイエットの次の段階として、「代謝を高める」べく筋トレに励んでいるのである。

筋トレの師匠は、こともなげに言ったそうだ。

「青いお魚を毎日食べてください。できれば朝食か昼食に」

さて、それを聞いて慌てたのは僕である。

我が家では、僕が食卓を預かっている主夫の立場だ。なので、相棒の健康診断の結果が思わしくないということは、多分に僕に責任がかかっているのである。もちろん、我が家の食卓は菜食中心の質素なものだが、相棒はときどきストレスが溜まって、近所のコンビニでホットドッグを買って食べたりしている。もしかしたらそういうのが良くないのかもしれないが……。

*筋トレの師匠
ボディービルダーの西本朱希さん。全日本のヘビー級チャンピオン。もともとはイグアナ飼い仲間。マカちゃんという名前のイグアナを飼っています。

「青い魚？　イワシ、アジ、サンマ、サバ……のようなものであるか」

僕は少しうろたえた。うちの冷蔵庫には野菜しか入っていないのだ。魚にはとんと疎《うと》い。

何が青くて、何が青くないのか。代表格の魚の名前はなんとか出てくるが、「ニシン、カツオ、ブリはどうなのだ？」とか判断に困るようなものもある。まあ、上に挙げた代表格の魚ならマチガイはないだろうが、それを朝食や昼食のときに、食卓に出せというのか。スーパーでは見かけたことがあるが、時期や値段や流通など、どんなものであるかよく把握していない。調理法もうろ覚えでしか頭に入っていない。

しかし、最近は息子の嗜好も、どうやら魚食が好みであるということがわかってきていて、少しずつ魚を食卓に上げることはしていた。

よくわからないので、焼くだけでいい西京漬けとかいうやつを買ってきて焼いている。よくわからないといえば、最近はスーパーに行くと妙な名前の魚も多い。ホキとかメロとかカラスガレイとか*……。メロの西京漬けはなかなか好評だったのだが。

それでともかく、いよいよ青い魚ということで、ちょうど季節だったのでサンマを二尾買ってくる。今までほとんど使ったことがない、クッキングレンジの「魚焼き」のスペースに水を張って、サンマを焼いてみた。つるっとして美しかった魚は無残に焼け、表面からじゅうじゅうと脂がしたたり落ちた。

*ホキとかメロとかカラスガレイとか
ホキはオーストラリア近海にいる魚。タラに味が似ている。メロは南極周辺に生息する深海魚で、マゼランアイナメというのが正式名称。以前は「銀ムツ」とも称されていたそうだ。カラスガレイはオホーツクや北極海周辺で獲れるカレイの仲間。別名ギンガレイ。久しぶりに魚売場に目を向けると、見知らぬ名前の魚が多いのでちょっと浦島太郎な気分でした。

なかなか美味そうな香りがする。大根おろしを添えて、相棒に出してみる。

もう一尾のほうは身をほぐして、息子の皿に取ってやる。ゴハンと微妙に混ぜてやると、それなりに食べているようだ。しかし息子一人に一尾は多すぎる。

というわけで、季節のサンマを僕も食べてみることにした。もう二十年以上食べていなかったサンマだ。

僕が菜食主義を始めた理由は、肉を食っても魚を食っても体中に発疹が出て、とても苦しんだ時期があるからだ。その当時、特に発疹がひどく出たのが豚肉、貝、エビ、卵、そしてサバなどの青みの魚だった。

それから二十年、菜食主義を続けていて、まちがって動物質の食品を口にしてしまうこともあったのだが、その都度やはり発疹は出た。鶏卵に関しては早いうちにアレルギーを克服したが、魚卵や肉、魚はダメだった。それがコドモが生まれた直後から花粉症の発症とともに、食品アレルギーが後退した実感があった。

そして、離乳食の時期などにコドモの好き嫌いに対応して、残したものを自分で片付けたりもした。魚介類や鶏肉のエキスをベースにしたリゾットなども食べた。しかし発疹が出たことはほとんどなかった。

今の禁忌《きんき》は、消化器科の医師に言われている「胆石症によくないのは、四本足の動物の肉とウナギ、お酒（乳製品も摂りすぎは禁）」というあたり。逆に言えば、それ以外のものは食べても良いのだ。

久しぶりに食べたサンマは、とてもうまかった。サンマというのは、こういう味だったろうか？　と思った。脂っこくて、そのくせ引き締まっている。嚙み締めると、濃い味のものが口の中に絞り出てくる。焦げてしまった部分や、内臓が近い部分は苦いのだが、そんなのも久しぶりの味わいだ。そして醬油を垂らした大根おろしがサンマにはよく合っている。息子よ、魚というのは、美味いものだなあ。

「おさかな、たべます。わー、これはおいしーい」

息子の語彙は少ないが、好きなものを食べたときは、率直な反応をしている。

今住んでいるところでは、初めての焼き魚だったわけだが、思ったほど魚臭い煙が充満するということもなかった。

そして、以前あれほどしつこく出た僕の発疹もまったく出てこなかった。

さて、菜食主義を（部分的に）卒業してみると、なかなか生活がし易くなった。息子の好きな焼き魚や照り焼きがオカズのときに、パパだけ豆腐や厚揚げを食べているという光景もなくなった。

サンマの次に、我が家の食卓に頻繁に載るようになったもの。それは「めざし」である。それから「シメサバ」「ままかり*の酢漬け」そんなような青い魚がゴハンのオカズになっている。もっとも息子は「めざし」も酢漬けの魚もあまり食べないが、カジキのみそ焼きなどは大量に食べる。以前はパン食が多かった我が家の朝食も、ここのところすっかり、ゴハン、カボチャのオミオツケ、納豆、ノリ、たくあん漬け、そして魚と大根おろしというメニューに代わってしまった。

日本人らしい日本食。相棒の高コレステロールも克服できるのだろうか?

さて、そんなことで僕は菜食主義を卒業したのだが、それにはもう一つワケがある。実はときおり苦しんでいる胆石症なのだが、いずれ手術は避けられない。三週間の入院が必要という宣告が出てしまったのだ。

今のところ「子育て中なのでカンベンしてください」と、ひたすら判断を先送りしているのだが、入院したら病院の食事を食べなければならないということも考えての軌道修正でもある。もうアレルギーが出ないのだったら、特に主義主張が強いわけでもないので、偏食の理由付けにはならないだろうから。

*ままかり
別名さっぱ。ニシン系のチビ魚。岡山では「ごはんを借りておかわりしても食べ続けたいほどうまい」という意味で「ままかり」と呼ばれるらしいです。酢漬けがポピュラーだが、塩焼きもいいらしい。食べてみたい。

一日500回イヤイヤを言って
やだ
ヤダ
やだ
イヤ
ヤダ
やらない
いや
イヤッ
ヤダ
イヤ
不安になるのか
パパちーとくんだいしゅき♥
ときどき、こういうことも言う
これにだまされる→

ウワサには聞いていた。三歳前に「すごい反抗期が来るらしい」と。

欧米で言うところの「テリブル・ツー」というのも、それを指していると思われる。テリブルというのは「札付きの」とか「問題だらけの」という意味だろう。日本語だと「どうしようもない」とか「お手上げ」みたいな感じか。「テリブル・ツー」は「しょうがない二歳児」ってことで概念が共有化されているわけです。

で、うちの息子は、新年を迎えてひと月ほどすると誕生日が来る。三歳になるのだ。

今までのところは、それほどテリブルな感じではなかったのだが。

案の定、十二月の声を聞くころから、なんとなく怪しい抵抗が始まりだした。声をかけられると、自分の頭の中で考えて、必ず否定的な反応を持ち出してくる。

「ごはんだよ」

「……ごはんたべない」

「はみがきしよう」

「……はみがきは、いらない」

「もう寝る時間だよ」

「……まだ、おねむしないもん。おっきのじかんです」

おっきのじかん、と言っておいて、適当な時間をいう。

「まだ、さんじです。ねむのじかんじゃ、ないです」

本当は夜九時を回っているのだが。

そして「はい、はい、みんな寝るよ。電気消すよ」と強行されると、

「イヤ、イヤ、イヤ。ねむじゃないもん。おっき、おっき、おっきなの〜。うぇー（泣き）」

大きな声で自分勝手な言い分を主張する。なんなんだ、これは？

そうこうするうちに、「イヤ」「だめ」「ちがう」「しない」「いらない」など、否定語のオンパレードになってきた。なかでも「イヤ」の数がすごい。これはなるほど「イヤイヤ期」と言うべきものである。

うちの息子にも、ついにイヤイヤ期がやってきたのだ。つまりこれが、いわゆるウワサに聞いた「すごい反抗期」ってやつだ。

イヤの数があまり多いので、試しに数えてみた。朝起きてから一時間以内に七十、八十回のイヤイヤを言う。食事、着替え、テレビ、歯磨きなど、何かイベントのたびに二十から三十回のイヤイヤを言う。寝る前にも五十回くらい。概算して、一日に五百回のイヤイヤである。だんだん増えてきたので、なんとなく持ちこたえているが、精神的にダメージ

を受けるくらいの否定の量だ。

保育園に行ってもらうと、家で言うイヤイヤは半分くらいに減る。保育園さまさまだ。しかし、まだうちの息子の保育園は週三回なのだ。一日おきに家でイヤイヤに付き合わなければならない。

ときどき、いや、かなりの頻度でこちらも感情的になる。

「どうして、何でもすぐにイヤって言うのっ！」

「ヤーッ」

まだ「どうして？」に理屈で返してくるような頭はない。イヤなものはイヤなんだろうと思うけど、でも反射的に自分の体の中に発生したモヤモヤしたものを吐き出しているようにも見える。

「じゃあもう知らないっ、好きにすれば！」

この「それを言っちゃあ、おしまいよ*」的なセリフを、僕も何度口にしたことか。

小さなコドモの反抗期に対しては、「知らない、じゃあ好きにすれば」はルール違反なのかもしれない。だからこれを言うと、より依怙地《いこじ》になったり、泣きが入ったり、火に油を注いだようになってしまう。

とはいっても、コドモのイヤイヤゲームに付き合っているほど、大人はヒマじゃない。

*それを言っちゃあ、おしまいよ
ご存知、映画「男はつらいよ」のフーテンの寅さんの名セリフ。基本的にはフーテン（暮らしていくための定職が身につかない）の寅次郎に向かって「出てってくれ」と言うと、この文句で返してくる。「出てってくれ」というのは、つまり「もうコミュニケーションしたくねいやい」という意味だ。

いや、大人の理屈で回っている世界も、そんなに大事なものばかりが占めているわけでもないんだけど。パパは早く新聞が読みたいんだ、とかその程度だけどね。

このイヤイヤに対抗する技術は、相棒のほうが上である。

「おいしい、ごはん、とってもおいしいよ〜」

「はみがき楽しい楽しい。わー、なんて楽しいんだ！」

「保育園行かないの？　パパとハハは行っちゃうよ。ほら、手をつなぎながらダンスダンス。嬉しいな〜」

「お布団、嬉しぃな〜。ハハは寝るのが大好きです。あー、寝る寝る。楽しいな〜」

無意味に「楽しがる」「嬉しがる」というのが、けっこう効く。

たぶんそれが、息子の体の中に何かモヤモヤと突き上がる「イヤイヤの虫」を鎮めるのだろう。

イヤイヤ言っているときは、大好きな電車ですら八つ当たりの対象になってしまう。

だからちょっと前に使っていた「わー、やまのてせんも、ごはん食べようって言ってるよ」が通用しない。「ゆってないもん、やまのせん、そんなこと」と切り返されるか、「がぁーっ」と大好きなはずの山手線のオモチャもぶん投げられるかのどちらかだ。

でも、あいかわらず電車は大好きのようだ。

イヤイヤの虫が出てこないときは、電車のオモチャを持って、床に這いつくばって気持ち的に一体化しているか、あるいはテレビで電車の出てくる番組を見る。

最近のお気に入りは日本テレビ系列で放映されている「ぶらり途中下車の旅」*だ。

それで、ここから話はかわってしまうが、今四十代の僕たちのコドモ時代になかったもの。それはテレビで「録画*したものを何度も見る」という行為である。

コドモはテレビが好きなもの、というのは僕らの時代にはもう定着していた。だけど、録画したものを見るということはなかったから、好きな番組が放映される時間にテレビの前に陣取って、真剣に集中して見るというのがテレビとの付き合い方だったのだ。

三十代や二十代の方たちなら、コドモの時代にすでにビデオが登場していたかもしれない。でも、ビデオ機器は高級で精密だし、テープの耐久性もそれほど高いものではなかったから、しつこく同じものを何度も見るということはしていなかったと思う。

でも九〇年代にはビデオ機器もテープも安くなったから、コドモが同じものをしつこく見るという行為は存在していたろうか。それがDVDやハードディスクになって、とても簡単に繰り返し見るという行為が実現されてしまうようになったのだ。

＊「ぶらり途中下車の旅」
一九九二年から放送が開始され、もう二十年近く続いている長寿番組。毎回「旅人」として芸能人のパーソナリティーが一名、鉄道を利用して旅行する。そして途中の駅で降りて目についたものを幾つか取材していくという形式の番組です。この番組、どうしてうちの息子に受けているのか考えてみた。他の旅番組との違いは、最近の民放の番組にありがちな「説明字幕の使用」がほとんどないことだ。三歳児は文字が読めないので、字幕で説明されてもぜんぜんわからない。この「ぶらり途中下車の旅」では字幕の代わりに、滝口順平さんのナレーションが利用されているので、文字が読めない息子にもとてもわかりやすい。そんなことでお年寄りにも人気がある。同じような番組に地井武男さんが主役の「ちい散歩」というのがあるが、こちらの息子人気はいまひとつ。

うちの息子は、宮崎駿さんの「となりのトトロ」や「崖の上のポニョ」をDVDで実にしつこく何度も見ていた。いや、あれはまだ映画だから繰り返し見てもいいかとも思うのだが、それぞれ五十回は見たなあ。

同じように「ぶらり途中下車の旅」も、一回放映されたものをハードディスクに録画しておいて、これを何度も何度も見る。

コドモ的に、滝口順平さんのナレーション「うひょー」「きゃああ」「いったいなんでしょうかこれは」という、あの語り口が好きなのか。あるいは登場してくるご当地グッズや食べ物が面白いのか。いや、何よりも電車に乗って移動という感じが好きなんだろう。

毎週の放映と、BSデジタルでの再放送を録画していて、だんだんコレクション的に本数が増えてきた。それを、夕食後に再生してくれと所望するわけだ。

「きょうは、うつのみやせん」

「きょうは、そうぶせん、みる」

「えいざんてつどう。たがわようすけさん」

毎回違う旅するパーソナリティーの名前まで覚えてしまった。録画したコマーシャルも一緒に見るから、宣伝効果は抜群である。……しかし、カツラや墓地や健康食品か。視聴者はきっとお年寄りを想定しているのだな。

＊録画

僕らがコドモの頃は、ビデオもなかったし録画というコトバもなかった。でも、カセットテープが売り出され、ラジカセというものは出現してました。各家庭にも一台ずつ購入されてきてた。そこで、そのラジカセで、気に入った番組を「録音」しようということを思いつくわけです。でも、ライン入力から直接録音することができず、内蔵マイクで録音してた。クラスメイトもだいたい同じようなことをやっていた。録音している最中には雑音が入らないように、家族を牽制したりするのも、ハズカシイ思い出だ。僕より五歳年下の相棒も経験ありと言ってます。

番組は一本一時間なのだが、毎晩二本は必ず見る。三本目を所望したところで、「今日はもうおしまい。ねんねの時間だよ」ということになる。

ここで、一日の最大級の「イヤー、まだねないもん」の爆発と闘わなければならない。こちらは、滝口順平さんのモノマネで「うひょー、もう寝る時間ですよ」といなして、布団に連れていって電球を消してしまう。コドモは押さえつけても、パッと跳ね起きて走り回るが、真っ暗なので諦めて戻ってくる……はずなんだけど、最近はそれすら怪しくなってきた。へんなところで寝ているのを連れ戻さなければならないときもある。

三歳の誕生日はもうすぐだ。

「てんてんヘアー」の
(おだんご頭)
宮崎あおいさんを見て
かわいいー
と叫ぶ息子
たしかにかわいい

いよいよ、である。この文章が公開される頃には、もう来ているのだ。

息子の三歳の誕生日が、である。

三歳ということは、三年間の子育てをいたしたのだ。……実際には誕生日から九日間、コドモは相棒と一緒に入院したままだったから、その間僕は病院に通うだけだった。だとすると、この文章が公開される頃は、まだ厳密には子育て三年満期にはなっていないのだな。微妙です。

いや、どっちにしても、二月の初旬には僕のパパ三年目の通過点がやってくる。「石の上にも三年」。このコトワザは、どんなことでも三年やってみると、それなりに専門家として見えてくることがあるという意味だったと思う。つまり、いままでは素人だったのだ。素人なのに育児エッセイみたいな文章を書き散らしてスミマセンでした。

今はまだ微妙な立場ではあるが、二月になれば専門家。ぜんぜんそんな自信があるわけではないのだが、自分なりに「ああ三年もやったんだな」と自分を支えることができる。三年間というのは長かったような短かったような。息子もあいかわらずのおバカちゃんだが、三年分は育ったので、自分の足で歩いて、ちらかしながらゴハン食べて、オムツは取れないけど「ウンチしたからかえてもいいよ」と偉そうなことを言ってくる。三年前と比べると、ずいぶん違う。

物事を習得する節目は、三日、三ヵ月、三年ということをその昔誰かから聞いた。学校の先生だったかもしれない。自分に合っていないスキルを習得しようとすると、三日で投げ出したくなる。だから「三日坊主」というのだそうだ。きっとその昔、仏門に入りたいと憧れて、三日間だけ修行して「もういいです。拙者《せっしゃ》には向いていません」と還俗《げんぞく》＊してしまった若者がいっぱいいたのに違いない。きっと僕もそのくちだ……。

会社で働こうとすると、「三ヵ月は試用期間です」と言われたことも多かったな。本当はそういうのは労働基準法違反なのだ。でも、三ヵ月くらいで辞めてしまう人もいるという経験に則っているのかも。僕も三ヵ月で辞めた会社もありました。

そして、そんな僕が三年も育児と子育てをやってのけた。その三年の間、寝るときはいつも息子と一緒。一日たりとも離れたことがない。オムツを替えなかった日もない。お風呂に入れて頭と体を洗ってやっている。以前と比べるとぜんぜん違う生活。それが三年。三年も経つと体に子育てパーソン反射のようなものが備わっている。自分ではよくわからないが、他の人とオシャベリをしている最中に息子が「パパー」と泣きながら寄ってきたのを抱き上げて揺すりつつ、頭と口は止まらずにオシャベリに熱中していたら「立派なオ

＊還俗
お坊さんになるために「出家」した状態から戻ること。「出家」とは、得度を行い、剃髪して袈裟をまとうことで坊主になること。お坊さんになると戒律を守らなければなりません。宗派によって細かい違いはあるが、おおむね酒色を避け、お経を読み、修行などをしなければならない。それまでの生活を捨てて、新しい生活に飛び込むということで「出家」と呼ばれるわけです。対するコトバとしては「在家」ということになる。それまでの生活を捨てずに、仏の教えを守る生活をすること。ところで「出家」した状態から「在家」に戻ってくるということもあります。戒律を守れなかったので破門された、とか、つらくてやめた、とか政治的な立場で出家が維持できなくなった、とかそういうこと。その場合「還俗」と呼ばれるのです。

バちゃんになったな」と言われた。すごいぞ僕の女脳*。

三年間をざっと振り返ると、いろいろなことがあった、と思う。最初の三ヵ月は異星人のような乳児との付き合い。連続して寝かせてもらえず、だんだんモウロウとしてくる。泣かれて乳をやり、泣かれてオムツを替え、泣かれてあやして、それでも泣かれてもうなんで泣かれるのかわからない。途方に暮れていました。

そして首がすわり、寝返りしてゴロゴロ転がってくるようになり、ハイハイして離乳食が始まり、つたい歩きが始まって部屋の中のものを棚などに避難させ、ピコピコと歩くようになり、後追いをされ、ベビーカーに乗せることができず抱っこ帯で外出し、いつまで経っても喋れず、一歳半健診のときには発達外来に通うよう指示されたりもする。発達外来に通いつつ、広場や託児を利用し、保育園にもトライして息子の外向きな性格に気づいたり。やがて喋れるようになり、発達外来も卒業。電車が好きになり、偏食のせいかチビだが、まあまあフツウの育ちになってきた。それで三年。息子にとってはゼロ歳から三歳。僕にとっては、うーん、四十三歳から四十六歳だ。

どっちにしても、この三年間はそれまでの人生とは違う三年間だったと思う。それはき

*女脳
男性と女性は生物学的に脳の働きが異なる、という説によります。まあ、一過性のブームかもしれないんだけど、ピーズ夫妻という方たちの書いた『話を聞かない男、地図が読めない女』（藤井留美訳　主婦の友社）なんて本もあったりして。人間の大脳は言語をつかさどる「左脳」と、感性をつかさどる「右脳」で役割を分担しているのだが、この分担がきっちりしているのが「男脳」、あまりきっちりしていないのが「女脳」ということだそうです。きっちりしていると、言語や空間認識などの集中した分析的能力にすぐれるが、他方、複数の情報を同時に受け取られなければならない「おしゃべり」などが不得意になってしまうということ。それゆえ、男脳は論理的で、女脳は感情的ともされます。育児みたいにマルチタスクな作業には男脳は不向きとされるわけでしょう。この男女分化は生物的なものなので、胎児の時期からホルモンによってもう区別が始まっ

っと、僕の記憶にはあまり残されていない、僕の人生の最初の三年間を変則的な形で補ったような経験だ。

ところで、今回はもう一つの「三年間という時間」の話を蒸し返してみたい。それは僕が三十九歳から四十一歳のときだ。それは「うつ病闘病に費やされた」三年間である。その三年間も、実際には当初の三ヵ月、闘病に専念しての三ヵ月、そのあとの半年、残りの二年……くらいで内容は違う。最初がタイヘンで、だんだん楽になってきたというところも、ちょっと育児＋子育ての三年と似ていなくもない。ただ、病気との付き合いは、それがほとんど意識されなくなった三年目の節目に、薬を飲むことを卒業したという形で「終わった」のである（が、子育てはまだまだこれからだ。子育てに関しては、三年で卒業なんて甘っちょろい話はない）。

それにしても、その病気と付き合っていた三年間は、それ以前とはまったく別の時間の流れの中にいた。そして、その後の時間のこともまったく想像がつかなかった。僕はもう、「自分は晩年を生き始めたのだ」と思っていた。さまざまなことが不自由で、すぐ感情的に目一杯になり、余裕はなく、夢をみてさえ泣いていた……。今から振り返れば、それは病気だった時期であり、ぜんぜん晩年じゃなかったんだけどね。

ているというのだが、それは息子を観察しているとある程度正しいのでは、とも思われる。だけどなあ。僕みたいな人間もいるからなあ。会社で働いていたときはサポートセンター。これはもうマルチタスクで女脳でなければ勤まらない。家庭に入れば家事育児。他方、うちの相棒のほうが集中すると周囲の音がいっさい聞こえなくなる。話は聞いていない。でも地図も読めない。

うつ病の闘病に関しては、コドモが生まれる一年以上前に終わった話なのではあるが、コドモの成長と並行して、相棒が生み出した作品『ツレがうつになりまして。』が世間の中で育ち始めた。それは突然うつ病に陥った僕の当惑と、病気と付き合いながら成長していく夫婦の関係のようなもの（気恥ずかしいのでうまく書けませんゴメンナサイ）、まったく別の人生に踏み出していく僕（その結果が今の子育てパパな形なのだが）。そういうのが、きっとなんか良かったのである。時代的に？

それで、「ツレがうつになりまして。」は、息子が一歳のときにテレビドラマ*になった。相棒の役が藤原紀香さん、僕の役が原田泰造さん。美男美女になってしまった僕たちだが、でも僕たちの不器用さを見事に演じてくれていた。NHK総合テレビで三週連続放映された。

僕が病気になる前は、全然売れない漫画ばっかり描いていて、不満タラタラだった相棒だが、僕が非力になったりオバちゃんライクになったりしている間に、テレビドラマにもなるような漫画を描いてしまったのだ。すごいことだよなと思ったのである。

＊テレビドラマ
「ツレがうつになりまして。」のドラマは、テレビマンユニオンという会社が制作しました。プロデューサーは合津直枝さん。生真面目で真剣な感じの人。だけど、真面目過ぎて、そこがユーモラスに展開してしまうような性格でもある。ドラマはそんな彼女の雰囲気がうまく反映してました。重厚で真面目な作りだけど、でもなんかホッとできる作品。主演の藤原紀香さんも、合津マジックじゃないけど、合津さんみたいな女性になってた。さらに、物語の後半を監督された佐藤善木さんはツレ側の目線も追加してわかりやすいドラマにしてくれた。原田泰造さんの演技も素晴らしかった。

ところが、『ツレがうつになりまして。』の勢いはそれで終わらなかったのである。

なんと、今回は映画*になることが決まってしまった。東映配給で今年二〇一一年の十月八日公開。佐々部清監督の作品で、主演は宮﨑あおいさん、堺雅人さんである。さすがに今回は「相棒が宮﨑あおいさんで、僕が堺雅人さん……」なんて言うのもオコガマシイ。ちゃんと独立した役名もあるし、撮影している今の時点での出来事ということになっているので、「僕たちと同じ経験をしてしまう若い二人のお話」というような感じだ。

映画は今ちょうど毎日少しずつ撮影が進んでいるのであるが、伺った話だと、ひがな一日撮影をして、映画の尺の中で三分ぶんずつ出来上がっているのだとか。確かに撮影日程は四十日ほどで組まれていましたが……。

実は先週、手だけ出演の相棒にくっついて僕と息子も撮影所*に行ってみたのだが、ドラマの撮影所見学のとき一歳だった息子は、今回三歳直前だというのに、おバカ度はぜんぜん変わりなく、というか今のほうがもっと聞き分けがなく、スタジオで騒いでしまうので、ぜんぜん撮影風景が見られないのであった。そのかわり息子と東映撮影所の中を徘徊していて、いかにも怪しいサムシング（「仮面ライダー」か「戦隊もの」の悪の組織のボスが乗るような台）などを触ることができて、そういうのはちょっと面白かったのではあ

＊映画
「ツレがうつになりまして。」の映画は、実はテレビドラマよりも先に脚本が上がり、企画が打診されていた。いろいろあって時間がかかったけど、今般公開の運びとなったわけです。こちらは監督の佐々部さんの人柄を反映していて、もうちょっと手触り感の暖かい作りになっている。主役の二人もなんかこうキュートだしねえ。スタッフは直前に赤塚不二夫さんがモデルの「これでいいのだ!!」という映画を撮影していたということで、作品の中で漫画を扱う手際もグッド。それから、グリーンイグアナのイグも大活躍。

＊撮影所
ドラマのときは調布の「日活撮影所」、今回は大泉学園の「東映撮影所」。撮影所は普通の街中にあるけれども、その中に入ると異世界です。でも、ちょっと大学のキャンパスにも似ている。そこで学園祭をやっているような華やいだ雰囲気もあり

ます。割と細かいことにこだわって、お金をかけ放題ふんだんに使っている。

るが。

今週は一家でエキストラ出演をする予定もあるので、順調に行けば、映画のどこかのシーンで主役のお二人とは似ても似つかぬ中年夫婦とバカ息子が、さりげなく家族連れとして出演しているのをご覧いただけるかもしれません。もしお気づきになったなら、撮影日は息子の誕生日の二日前なので、「あれが三歳直前のちーと君かぁ。やっぱり偏食だから小さいな」「あれが石の上にあとちょっとで三年になるツレか、なるほど動きがオバちゃんだ」などと話題にしていただくのも良いかも。

耳鼻科で
はいハナミズとるよー
ちゅー
ハハー
ハハー
はじめてハハに助けを求めた

至らない親のコドモを三年続け、どうにか三歳になった息子だが、今月に入って中耳炎になってしまった。三歳にして、いきなり試練である。既に保育園は一週間休んでしまっているぞ。息子も何がなんだかわからないままの痛い試練だが、親も親で試練なのである。部屋で不機嫌そうにしている横で、こうして原稿を書かなければならないし……。

いや、でも、コドモは病気をするものだと言うが、先月末から親の都合であちこち連れ回し*ていたのもよくなかったのかも。もっとも、どこに行っても我が家同様の偏食でマイペースな食事をし、ベビーカーでの移動でどこでも寝る。夜も誰よりも早く寝るという生活をしていたので、大人二人より疲労はないと思われた。

食べることと寝ることが自分のペースになっていれば、人間なかなか疲れないものなのだ……と大学のときに文化人類学の教授に習った僕である。親二人は目の前の駅弁をどんどん買って食べ、夜更かしし朝早起きし、まるで人類学の実践からは遠い生活をしてしまったのだが。

その点では、大人の欲望が入り込んでいない三歳児は見事なものである。たぶん、今だったら極限の地の民族のところに養子に出しても、すぐに適応して生活していくのであろう。いや、話が脱線した。そんな調子で、ぜんぜん疲れていないような息子だったのだが、

*親の都合であちこち連れ回し　予定が立て込んでしまって……。映画の撮影で群馬県の前橋に行ったり、講演の仕事で愛知県の瀬戸市に行ったりしていました。講演は基本的には断っていたのですが、このときはいろいろ、引き受けるべきと判断する要素もあったので、引き受けました。

憧れの新幹線に三日連続で乗ったり、気温差の激しいところを移動したり、ベビーカーの上で昼寝が続いたりで、やっぱりそれなりに疲労も蓄積していたのか。今月に入って風邪をひいてしまい、既に一週間保育園を休んでいる。風邪はなかなか治らない。へんな咳をしている、鼻水をすすっているな、と思っていたら、深夜三時頃大泣きをしてのたうち回り、「みみが、みみが、いたいのー」と訴えてきた。

深夜にワーワーと泣いている息子に向かって、どうも寝ぼけた調子で「どっちの耳だ？」と訊いたりもしたのだが、うまく答えられない。まあ、右とか左とか、まだわからないので、仕方あるまい。しかし、右耳を押さえていたかと思うと、左耳をさわっているようでもある。そもそも本当に「耳が痛い」のだろうか？　息子はたびたび、悪夢にうなされると、まったくワケのわからないことや、まぎらわしいことも言うのである。「あしが、たべられちゃった。あしが、ない」と言ったこともあるし、「おなかがいたい」と言っていて、次の瞬間に「おなかがいたいこがいるの」と、誰のことかわからない内容になってしまったこともある。しばしばあるのは「そのでんしゃ、いまのるんだよう」的な、楽しい夢をみていて、それが目の前から消失した不満を泣いて訴えるということなのだが、こちらには何も落ち度がないときに泣かれるので、はなはだゲンナリする。

今回も「みみが、いたいの」と言いながら「うさぎさんの」とか口走っていたので、相棒は切れて怒っていた。

「夜なんだよ、静かに寝なさい！」

そうすると、また「ワァーーー」と、いかにも悪夢にうなされたときのような激しい抗議に満ちた険悪な泣き声を上げる。本当に痛いのか、なにか痛い目に合わされたという夢をみて抗議しているだけなのか、そのへんを見極めなければなるまい。

「この、みみだよ、このみみが、いたい」

息子は僕の手を取って、右耳にあてた。なるほど。右耳か。匂いを嗅いでみる。汗臭いが不快な膿《うみ》のような匂いがするわけでもない。頭は熱いが、熱が出ているというほどでもなく、耳が特に熱いという感じもしない。

しかし、僕の手を持っていって、裏返したりしてあてている。もしや、と思って冷凍庫から保冷剤を持ち出して、タオルでくるんで渡してやった。

「これは、冷やすもの、だ。これで冷やしてみたら？」

「いやだよう」

と息子は泣いていたものの、心地よかったのか、それを自分で持ってしきりに耳に押し付ける動作をしていた。冷たいのがなんか良いらしいのだ。一連の動作を見ていて、「これは夢の内容を言っているのではなく、痛みがそこにある」と僕は確信した。なかなか鈍感なパパですまん。

息子は、かなり痛みを覚えているらしく、そのうちにまた「のたうち回って」泣き叫ぶようになってしまった。それを見ていて、半年くらい前に自分も胆石で同じようにのたうち回って痛いと叫んだなあ、とぼんやり客観的に考えてしまったりもしたが、そんな場合でもない。

「困ったなあ。今、深夜だし」

「救急車、呼ぶ?」

幸いなことに平日だったが、行きつけの病院が始まる時間は午前九時だ。

仕方がないので、保冷剤で冷やしつつ、もう完全に目が覚めてしまった息子の意識をなんとかそらそうと試みる。

「なんか、テレビでも、見る?」

「つくばエクスプレス、がみたい」

……と、ここでまた「ぶらり途中下車の旅」の録画が登場する。夜が明けるまで、途中下車の旅を何本かハシゴし、どうにか乗り切るのであった。

もっとも僕のほうは、息子を膝の上に乗せつつ、途中下車の旅を楽しんでいる気分ではない。iPadを起動して、ネットに接続し、息子の症状から病名を絞り込んでみる。

風邪、鼻すすり、深夜の耳の痛み……そうしたことから簡単に病名は一つに絞り込むことができた。中耳炎……急性中耳炎というのが、どうやらこの場合の病名のようだ。

中耳炎というのは、しばしば聞いたこともある。でも、今まで縁がなかった。

いったいどんな病気なんだ？

でも、一般的な病気で、いわばコドモのかかる定番のひとつのようなものらしい。

コドモの髪を洗ったりするときに、耳から水が入らないように気をつけよう。もし耳から水が入ると「中耳炎になるかも」と心配したことがある。でも、実はそうしたケースはまれで、外から水が入ってなることよりも、風邪などの鼻水をすすっていて炎症が耳に回ってしまうタイプのほうが圧倒的に多いらしい。あとは、無理して耳垢を取ろうとして耳を傷つけ化膿するというケース。

基本的には体の抵抗力で自然治癒していくものらしい。でも重症になると鼓膜を切って膿を出したりしなければならないし、あるいは慢性化してしまうと、難聴の原因にもなるとのことだから、楽観は許されないが、重篤な病気ではないということだ。

そうはいっても、あの苦しみ方は尋常じゃなかったし、とりあえず病院に連れていこう。

ということで、病名がほぼ推定できたので、いつもの行きつけのクリニックではなく、一度耳垢を取ってもらったことのある駅前の耳鼻科に行くことにする。

耳垢のときは「耳垢責任者」の相棒も一緒だったが、今日は父と息子二名だ。父親が連れていくのだが、持っていくのは母子手帳*。

息子を連れていくと、耳鼻科の待合室は込んでいた。でも待合室の窓から、駅の様子が見えるというのが幸いし、息子はぐずることなく順番を待った。

待つことしばし、診察が始まった。耳鼻科の医師は、「最初に痛くないほうの耳を見せて」と言い、「次に痛いほうの耳ね」と、息子の耳を診察した。

息子は泣いて反抗していたが、見るだけならあっという間だ。

「今まで中耳炎になったことはありますか？」

と質問が来た。

「ありません」

と答えると「これがその中耳炎です」と言われてしまった。やっぱりそうか……。

医師は「鼻水をすすっていると、菌が耳に回って、内側で炎症になっちゃうんですよ」と言い、「なるべく鼻水は吸い取ってやるといいんですよね」と言いながら、どこかから

*持っていくのは母子手帳
　我が家ではいつも、僕が母子手帳を持ち歩いている。特段、意識することはなくなってしまったが、「子育て責任者が携帯する必要のあるもの」だからだ。だったら、これは「こども手帳」という名称にすればいいのではないか。……もちろん、うちの場合は特殊かもしれないけれども、「母子」でない保育者とコドモの組み合わせは確かに存在するのだから。確かに、母子手帳との付き合いはコドモとの付き合いより古く、相棒が妊娠したときに発行されたのだった。発行されたとき、僕はその場にいたのだが「もし不幸にして流産してしまったら母子手帳は返却するのですか？」と質問してみたところ、「返却する必要はありません」という答えが返ってきた。フツウはそんな質問はしないのかも。妊娠期間中は相棒が携帯して、検診のたびに医師に書き込んでもらっていました。そのときは疑いもなく「母子手帳」だったのかもしれない。息子が生まれて、出生時

か取り出したミニ掃除機のような吸引機を使い、あざやかな手つきで息子の鼻水を吸い取った。

息子は、突然のことに「ハハ、ハハ」と、僕でなく相棒のことを呼んでパニックになったが、ハハはここにいないぞ。

医師の中耳炎についての説明は続き、僕の処置についても確認が入った。

痛みを訴えていたときに冷やしたのは正解で、熱さましの座薬を使っても良かったということだった。座薬の使用までは頭が回らなかった……。

「このまま膿が溜まるようだと、鼓膜を切開して膿を吸い出さなければなりませんが、今のところそんなに熱を持っているようでもないので、薬を飲ませて様子を見ましょう」

ということで、抗生物質と炎症を緩和する薬、それに痛み止めのシロップをもらい、四日後の診察の予約を入れて、帰路についたのだった。

その夜、また息子が痛がったら使おうと、手持ちの座薬を確認したら「吐き止め」の薬だった。僕はちょっと青くなったが、薬が効いてきたのか、その夜に苦しむことはなく、朝までぐっすり眠れたのであった。

そんなことで、今週もまた保育園はずっと休み……こんなところでまた半月も休暇にな

の身長体重が書き込まれ、名前も書き込まれた。まあ、このあたりから「こども手帳」な感じです。コドモの一ヵ月検診の後は常時僕が携帯するようになった。病院や子育てパーソンのイベント、託児などで提出する必要があるからだ。不意のケガなどのときも必要。僕の場合は「うちは父子手帳にして欲しいぞ」と思ったりしているわけなのだが、一方であるいは「母子手帳」なる名称を見た父親である男親が「オレは子育て責任者じゃないもんね」と誤解してしまうことに結びついているんじゃないかな。……子育ての男女共同参画を提唱するなら、男の育休率をどうのこうのより、この手帳の名称をどうにかして欲しいです。

ってしまったな。

おまけに……人間噴霧器のようなクシャミをしているので、今度は僕にしつこい風邪がうつってしまったのだ。この文章の後半は、熱でモウロウとしながら書いていたのでした。

ふたり同時にたおれた
ガタ
ガタ
ガタ
体がふるえるよ
熱くてつらい
ガタ
でも息子は元気!!
ハハおきてっ
ガチ
ガチ
ミュースカイはどこいくの?
ガタンゴトーンガタンゴトーン
ガチ

前回は「中耳炎」の話だった。

それから半月。息子の中耳炎はとっくに治ったのだが、あいかわらず息子は保育園に通えていない。

この冬二回目の「ノロウイルス感染症」を我が家から出してしまい、それと並行するように、しつっこい風邪に苦しめられているのだ。「ノロウイルス感染症」は、また嵐のようにやって来て、去っていったが、しつっこい風邪はあいかわらずである。

何度も病院に足を運んだが、さいわいなことに「インフルエンザ」は入り込んできていない。うまくすれば、このインフルエンザとは無縁でいられるかも。そして春が来て暖かくなる頃には、このしつっこい風邪ともオサラバできるのではないだろうか。代わりに、僕の花粉症がやってくるのだ。しばらくはマスクを手放せない生活だ。

それで、息子はあいかわらず保育園にきちんと行けていない。二日休んで一日行く、ような状態だが、四月からの息子の保育園の内定通知が来た。近所に新しくできた保育園で、今までの週三回から昇格して、週五回見てもらえるということになったのだ。

しかし、今はまだ、週五回も通える気がしない。それどころか、親である僕が毎朝連れていくことすら、健康的に無理なんじゃないかと……ゴホゴホゴホ。

なんか、こう、なんにつけても弱気になるし、一ヵ月近く風邪が治らないと、もう一生治らないんじゃないかと。いや、息子のほうではなく僕の風邪が、です。思えば、あの「ツレがうつになりまして。」の映画の撮影完了打ち上げからして、急に熱を出して出席できなかったのだった。

こんな調子でズルズルとひっぱっていて、それでもうじき花粉症が来る。嫌な感じだ。

風邪がずるずると治らないのは、僕の風邪が息子にうつって、そこでなんかこう培養されて増殖してパワーアップして戻ってきている気がする、のだ。息子にうつしたくないと思っても、やつは僕にピッタリくっついて寝ているので、必ず持っていく。そして噴霧器のように僕の顔の前でクシャミをする。

ときどき保育園に行くのもまずい。しっかり風邪の新種をもらってきている気もする。行きつけのクリニックで、風邪についての苦情をクドクドと言っていたら、先生は嬉しそうに「ウイルスの波状攻撃ですね」と言っていた……。

この冬二度目の「ノロウイルス」も、もとをただせば息子のせいなのである。息子が何度も何度も「ぶらり途中下車の旅」を見ていて、宮川一朗太さんが牡蠣丼*というものを

＊牡蠣丼
番組では寿司ごはんを使っていた。牡蠣がてらてら光っていて実に美味しそうだった。

美味しそうに食している映像を繰り返し見せられたので、僕はつい「牡蠣ゴハン」作りに挑戦してしまったのだ。

昨年の十一月に一度ノロウイルスをやっているので、まさかもう牡蠣に当たることはあるまい、と油断していた。もちろん生食用の牡蠣でなく、調理用のものだったので、しっかり熱を通して作ったはずだったんだけどね。

牡蠣を「みりん」と「しょうゆ」でしっかり煮て、千切りの生姜を用意して、細かく刻んだ三つ葉と一緒に炊きたてのゴハンに混ぜる。そんな牡蠣ゴハンを作ってみました。

相棒と僕は味わって食べ、偏食の息子は一口も食べなかった。

その夜、関東地方では降り続いていた雨が大雪になった。

「雪降ってるからかなあ。やたらに寒いな……」

と感じたのが、実は発熱から来る悪寒だったのだ。翌日僕と相棒は全身の痛みと高熱、吐き気などで起き上がれなくなってしまった。

息子は一人、元気であった。牡蠣ゴハン食べなかったんだもの。

それで、両親二人が動けなくなっている状況に、元気な息子が電車のオモチャを持って飛び回っているという構図が出現した。

しかも、その日からマンションの大規模修繕の最終段階で、水道を止められ、便器や流し台を外され、ドアと窓を開けて外気を通すという状況になってしまった。倒れた初日だけは、水回りはまだ手付かずだったので、最悪の状況ではなかったが。

コドモだけ元気でチョロチョロしていて、親は下痢と嘔吐。

午前中は意識がモウロウとしていて判断ができなかったが、昼頃に状況が把握できてくると、これは救急車を呼んでもいいんじゃないかなあ、と思えてきた。

でも、いろいろ考えて、僕の母親に相談し、助けに来てもらったんだけど。

七十歳を超えている僕の母だが、チョロチョロする孫を手なずけ、手早く最悪の状況を整理してくれたのには本当に助かった。

翌日には、ノロウイルス症は息子に伝染してしまったので、一家で僕の両親の家に退避することになった。電車で逃げられる範囲に実家があって助かった。

もし、実家に逃げられなかった場合を考えると、かなりゾッとする。工事で水回りが使えず、煮炊きもできず、洗濯すら追いつかない状況で一週間。

いや、今回のノロウイルスに関しては、息子が原因を引っ張ってきたのではないし、大規模な工事を控えた直前に牡蠣を食うなど「リスク管理が徹底していない」と言われても仕方ないのである。本当にパパの失点です。

＊莫大な数字
僕らの親の世代がそうしたよ

しかし、あえてそこに付け加えて言うとすれば、失点が拡大してしまう要因も、またコドモ。コドモがいると、感染症というやつは長期に家の中でのさばるようになってしまう。大人同士だと感染させないための工夫もいろいろ役に立つが、そこにコドモが加わると、理屈抜きで菌を持ってきて、別のほうに持っていったり、また返しにきたりもするわけだ。コドモ一人でこれである。複数コドモがいたらたまんないだろうなあ。

少子化の原因などを追究する際に「コドモを育てる際に余計にかかる費用」とか「コドモの教育にかかる費用」に加えて「子育てに手間隙《てまひま》と時間を奪われることによって損失する利益」というものをさらに追加して、ある夫婦が「コドモを持った場合」と「コドモを持たなかった場合」の二十年後の資産を比較したりする研究があったりする。

試算方法にもよるが、その差額は莫大《ばくだい》な数字*になって出てくる。

だから「コドモを持つことは現在の日本では褒められたことではない」と結ぶか、「そのような偏りが生じないよう社会の仕組みを調整すべきだ」と結ぶかは論者によって異なってくるわけなのだが、まあそんなような「コドモを持つことは経済的なリスク*」という事実からは目を逸らしようがなく、それが少子化の大きな原因となっていることは確かなのである。

うに「親は片働き」「コドモは二人」「ローンで持ち家を買う」の三点を実行した場合、平均的な労働者の賃金では破産する。三点のうち一つを諦めても、厳しい生活を強いられ、不意の出費には耐えられない生活になります。リストラ、出向、減給、そんなものがあってもタイヘンだ。

*コドモを持つことは経済的なリスク
そうなってしまったのは時間をかけて、年輩者に対して再分配を厚くする社会を作ってしまったから。そういう制度ができあがっているところに、大量に団塊の世代が年輩者に流入してきます。子育て世代の経済的な問題はますます厳しくなる。これは時間をかけて制度を調整するよりも、「子育て世代は経済的に厳しい」というコンセンサスを周知のものとして、ともかく団塊の世代に孫支援をしてもらえるようにしたほうが早いのかも。

でも、僕がここで何を言いたかったのかというと、今の僕にとって一番痛いのは、「コドモを持つことによって感染症にかかっている時間が圧倒的に増え、そのことで損失が出ている」ということなのだ。

まったく、コドモができる前はこんなにいろいろな種類の感染症が出たり入ったりはしていなかったぞ、と思う。なんだかいつも調子が悪くてゴホゴホしていたりするわけなのです。うちのコドモが、特にいわゆる「男の子って弱くてすぐ熱を出す」と称されるところの典型になってしまっているのかもしれないが、それにしても周りのお父さんお母さんを見ていてもやっぱり「××ウイルス」とか、みんなやたらに詳しい。

詳しくなるのにはわけがあって、みなさんそれぞれ苦しめられているということなのです。

コドモがやたらに感染症を拾ってきて、家庭内でばら撒くというのも、幼い間のうちだけ？　小学校低学年くらいまで？　インフルエンザなどは中学生でも流行しているよねえ。先は長そうだ。

コドモが風邪を引くのは、たぶん「あたりまえ*」のことなので、親としてはそれに付き合って伏すのも「親なんだからガマンしなさい」といなされてしまうような話だと思う。

＊あたりまえ
一方で「あたりまえ」といなされながら、その「あたりまえ」に対応できていないのも今の社会だったりする。子育てをしてみて、その社会からのダブルバインド（背反するメッセージの発信）の多さにはいささかウンザリする。「少子化は困ったことだ」と言いながら「コドモなんかいらない」と考えているとしか思えない施策を実行する政府がそもそもの原因だよね。

思うんだけど、もし自分たちがコドモを持っていなかったら、こういう肉体的な苦痛を知らずに過ごしていたのだろうし、コドモを持つことの労苦の一つが、こうした感染症と付き合うということだって誰も教えてくれなかったじゃんか……。と苦痛ついでに八つ当たり的に神様に抗議してみたくもなるのでありました。

今回も微熱でモウロウとした内容です。スミマセン。

その㉑ 春と成長

1年前の息子は
パパ
ハハ
おしゃぶり
よだれかけ
ようやくしゃべりはじめた幼児だった
しゃべりだしてよかったよかった
今の息子は
やまのてせんはE231けい500ばんだい
やまのてせんはどこいくの?
お気にいりの茶色いタオル
電車のおもちゃ
しゃべりだしたら止まらない幼児…。
……

ここのところ、ずっとファミリーの不調報告のようになってしまっていたこの連載なのだが、三月に入ってずいぶん上向きな感じになってきた。そうは言っても、相棒が謎の胃痛に悩まされたり、僕が花粉症になったり、息子は夜に咳をして泣きじゃくるというような、小不調はあいかわらずなのだが。

でも、陽射しが明るくなってきて、冷たい突き刺すような風も吹かなくなってきて、ようやく春の到来である。ジュウタンの下に潜り込んでいたヌマガメの橋本君とマツキチさんも這い出てきた。

四月になれば、うちのコドモも新しい保育園の三歳児クラスへの通園が始まる。三歳児クラスというのは、幼稚園で言えば年少クラスにあたる。

保育園でも、三歳児クラスになると二歳児までのクラスよりも通常、保育料が安くなる。僕らの住んでいる市の公立保育園の場合、二歳児までのクラスだと最高額が月に五万四千円。所得税を十万円程度払っている家庭（合計の年収三百万〜四百万円）でも約五万円である。それが三歳児クラスだと、どちらも二万二千円となる。

保育料が五万円だと働いても割に合わぬが、二万二千円なら預けて働こうかな、と思える額である。保育園に通わないコドモは、幼稚園に通うことができる。

三歳で迎える四月は、どこの家庭でも大きな変化を迎える季節なのだ。たぶん。

僕が育児を担当するようになったときも、三歳になって四月を迎えるところまでを目標にしていた。コドモは僕の思惑を超えて、それよりもずっと早く家庭の外に興味を持つようになってしまったのだが。

そういえば、うちの息子の体重も、初めて十一キロという数字に到達した。二年前には九キロ台で、十キロを目指していたのだが、なかなか十キロにならず、十キロになっても、ちょっと体調を崩すと九キロ台に戻っていたのだ。昨年暮れにも一時九キロ台を記録している。それが、ここのところようやく、食欲というものを感じ始めたのか、モリモリと食べるようになり（主に米飯とお菓子なのだが）、体重が増え始めたのである。

そして、先月くらいから自分で体重計に乗ることを覚え、お風呂の前に服を脱ぐと、

「たいじゅう、はかるの」

と、自分で体重計の測定ボタンを押し、アラームが鳴ったのを確かめて体重計に乗る。一人で測定できるのである。ただ、数字が読めないので、

「はかったよー。はかったよー」

と親に数字を読み上げさせるのだ。

体重を測る前には、自分で服も脱ぐ。オシッコでパンパンになったパンツ型オムツも上

手に脱いでいる。服を脱いだり体重を測ったりできるくせに、まだオムツ離れができないのではあるが。

まだまだ、同世代のコドモと比べると小さい息子ではあるが、ようやく成長の兆しが見えてきたのである。愛用のベビーカーは制限十四キロ。まだしばらく使うことができそうだな。


今使っているオムツはLサイズ。これも目安として、体重九〜十四キロと書いてある。それより大きなコドモは「ビッグ」というサイズを使うのだ。息子のトイレトレーニングは進展がない。自宅の水回りの工事が二月にあったので、それが済むまではオムツ取れなくていいや、と親の熱意が盛り上がらなかったのだが、今度は五月にリフォームをしてトイレも新調する予定にしてしまった。そうすると、工事の後に「まえのトイレでしたい」と主張されても面倒だなと思い、また熱意が盛り上がらない。

それでも、ときどきオナラをぶーぶーとしていて臭いときなどに、オムツを脱がせてトイレに座らせてみるのだが、本人は頑なに主張する。

「ウンチ、トイレでしない。オムツにする。ウンチはオムツにするんです」

そして、オムツを穿かせてやると、カーテンの陰や机の後ろに潜り込んで、しばらくじーっとしている。その後、出てきて。

「ウンチしたから、オムツかえてもいいよ」

と来たもんだ。偉そうだ。

それでも、今週三回通っている保育園の片方では、お友達と一緒にトイレでオシッコをしているらしい。毎日保育園に行くようになれば、オムツにウンチをすることの格好悪さに気づくんだろうか。


僕の子育てパパ業務も、この四月が来れば丸三年と二ヵ月。当初の目的に達して、プロジェクトの初期の段階を卒業というところなのだが、ここに来て、どうも僕は「子育てに向いていないのではないか」という反省をすることしきりだ。

いや、実際にはコドモは育ったので、ここまでの結果としては合格なのかもしれないが。

昨日もニュース番組を見ていて、あまりニュースがなかったのか*、どこぞの地域で「親子に遊びやわらべ歌を教えるイベント」みたいなものが行われたというのを放映していた。画面一杯にうつる母親とそのコドモたち。最近は父親の参加者も一人二人いたりして。でも、僕はそういうのを見ると「あー、コドモと遊んでやるのはもうまっぴらだ」と思ってしまうのだ。本の読み聞かせ*も苦手。本は自分のために読むもので、声を出して

＊あまりニュースがなかったのか
　あまりニュースがないときに流れる「ゆるいニュース」こそ、実は政治的なメッセージなのだということはお気づきでしょうか。みうらじゅんさんに「とんまつり」と言われてしまいそうな、田舎の間抜けなお祭りのニュースも「地域おこしは重要だ」という周辺格差を是正しようという意図があるし、こうした「子育て世代を集めたイベントの報道」も、少子化対策なのだ。

＊本の読み聞かせ
　本の読み聞かせに関しては、それが重要だということは理解しているんだけど、あまりにも「読み聞かせをしよう」というキャンペーンが張られているので、僕はちょっと反発を覚えてしまう。僕自身が湯水のように図書を読む生活をしているということもあるが、本は音読するものじゃなくて、目で流し込むものなので、あらためて読み聞

(わかっているのかわかっていないのかわからない)コドモのために読み聞かせるというのが、どうにも居心地がわるい。

乳児のときにはコチョコチョと遊んでやったし、見様見真似で読み聞かせもした。でもコトバが通じるようになった今となっては、コドモから来るリアクションの幼稚さになんだか耐えられないのだ。

「コドモはコドモ同士で遊べばいいし、本は自分で読めるようになったら読め」と言い切って、パパは息子を放置することにしている。公園に行ってもマスクをしてぼーっと座っているだけだ。花粉症で微熱があるせいもあるのだが。

かえって相棒のほうが、最近は熱心にコドモに関わっている。ひらがなとか数字を教えてやっている。そういうのを見ていると、僕は「ファースト・パーソン失格かもな、ふっ」と思ったりもする。

それでも、僕はやっぱりファースト・パーソンであるしかない、と再確認するような出来事もあった。

この春先になって息子にまた夜泣きが戻ってきたのである。

毎年、この時期は夜泣きがひどくなるのだが、今年は寝ていて咳が出てしまい、痰を出

かせを強いられるととてもストレスになってしまうのだ。そして、そういうキャンペーンが張られているから仕方なくやっているのかどうなのかは知らんが、図書館の片隅でブツブツと暗い声でコドモに読み聞かせをしている母親を見かけることもある。そんなことはやめなさい、と言いたくなります。

そうとしてひどく不機嫌になっているような様子だ。少し喘息の気があるのかもしれない。

以前の夜泣きと違って、「うぉおおお、イヤだ〜」とはっきりコトバを発している。何がイヤなのかは、よくわからないが。

うちの息子は、大体夜九時頃に眠りにつく。親も九時頃には布団に入り込んで本を読んだり音楽を聴いたり、めいめい勝手なことをやっている。十時頃に消灯だ。そして夜の十一時頃に、夜泣き一発目が来る。

「イヤだ〜」と泣き叫んでいる息子は、そのときの気分で僕のほうに来たり相棒のほうに行ったりする。ちょうど眠り始めたばかりで体が動かない二人だったりするのだが、自分のほうに来てしまった場合は「ハズレくじ」を引いたものと思い、息子の背中をさすり、なだめ、また眠りにつけるよう努力しなければならない。

夜泣き二発目は、深夜一時頃に来る。

しかも、息子は夜泣きが収まっても、イビキをかいたり、体をよじって布団の上でぐるぐる回ったり、足で蹴《け》りを入れてきたり、布団を引っ張ってあらぬほうに投げてしまったり、ともかく「ハズレくじ」を引くと、安眠が阻害されること甚だしい。

相棒はすぐに音を上げた。

「もうイヤ。もう耐えられない。知らない。あっち行けけっ」

それで、相棒が一度切れた後は、息子が「ハハ〜」と相棒のほうに行こうとしても、「さ、パパと寝よう」と息子を自分のほうに引っ張ってくることにした。なかなか寝苦しい夜が続くが、仕方がない。

それで、僕は思ったのだ。僕は子育てには向いていないのかもしれないが、相棒はもっと向いていない。僕はファースト・パーソン失格かもしれないが、それでも相棒よりはこの分野で前に出ているのだ。

そういえば家事にしてもそうだ。誇れるような家事をしているとはとうてい言えないが、現況では僕が家事をやるのが最善の選択だ。

これは想像になってしまうのだが、僕より家事や子育てが得意な女性と結婚していたら、僕は家事も子育てもやらなかったかもしれない。それが自分にとってベストマッチングな仕事*とは思えない。現実には、僕は僕よりも経済的な能力が高い女性と結婚してしまい、このポジションでは経済的なことよりも家事育児スキルが必要とされることになったのだ。だから、それが僕の今の仕事になった。そういう意味では天職と言えるのだろう。見渡す限り、家事も育児も僕以外に、当事者となり得る担い手はいないのだ。

でも、どんな仕事でもそうなのだが、ときどき「僕はやっぱり向いていないいんじゃない

＊ベストマッチングな仕事
　じゃあ何がおまえにとってのベストマッチングな仕事なのだ？　と問われたら、やっぱりよくわからない。まさか四十代半ばになっても、そんなふうに感じているとは思わなかった。でも、想像するにどんな仕事をしていても僕はそうだったのかもしれない。自分がやりたかった仕事というものに幾つか手を出したが、それは全然自分には向いていなかった。すぐ疲れて体を壊したりした。僕は夢中になってのめりこむことが、まず向いていないのです。多少なりとも、イヤイヤ自分はこんなものじゃない、と思いながら働くくらいでちょうどいいらしい。すると、主夫や子育てパーソンはなかなかいい線なのかな。でも、もっと手際のいい人を見て落ち込むこともしばしば。例えば、家事育児の代行業などに就職したら、ダメ社員になること確実だとも思います。

だろうか」と思うくらい煮詰まってしまうこともあるのだ。息子よ、今はぜんぜん気にしていないかもしれないが、君と僕の間には、四十ウン年の年の差があるのだよ。だから、走って追いかけてると疲れちゃうんだよ……。

大地震が起きた時
私は銀座にいた
電車がずーっと止まってるのか
それなら歩いて帰るしかないな
銀座から浦安まで
歩いて帰った
3時間半かかりました
電車だと一駅ってあっというまだけど
歩くと時間かかるんだなぁ

何もかもが変わってしまった。

１１３１１だ。忌まわしい数字の羅列だ。二〇一一年の三月一一日。金曜日。午後三時ちょっと前。息子は保育園に行っていた。相棒は東京に出ていた。僕だけが自宅にいて家事をやっていた。

地震*が来た。最初の揺れからちょっと大きかった。僕は以前から「倒れそうだな」と目星をつけていた本棚を押さえた。「だいじょうぶ、いつものこと、大したことはない」と自分に言い聞かせていた。でも揺れはやまない。

そしてどんどん大きくなっていった。押さえている本棚は大丈夫だが、部屋のあちこちでガシャンピシンと物が落ちて割れる音が聞こえてきた。

「こ、これはシャレにならん。どうしたもんだか」

と僕は焦った。とりあえず本棚を押さえ続けたが、他にも倒れる棚がある。

地震は一度収まったかに見えた。しかし、すぐまた揺れが来た。揺り返し、というものだろうか？　慌ててまた本棚を押さえる。でももう、ほとんど意味がない。床の上にいろいろなものが散乱している。そのあと、三発目の揺れが来た。これは下から突き上げてくるようで、別の揺れ方をした。これでまた、部屋のあちこちからガシャンという音が聞こえた。

＊地震
この二〇一一年三月一一日の地震は、当初は「平成二十三年、東北地方太平洋沖地震」として、規模もマグニチュード八・四との発表があったが、やがて「東北関東大震災」などとも呼ばれ、最終的に「東日本大震災」という名称に落ち着いた。マグニチュードは九・〇に修正された。

「だ、大地震だ。でも直下型ではなくて、ゆっくりした大きな揺れだったから、震源は遠くなのかもしれない」

僕はそんなことを考えて、テレビをつけた。テレビは地震のことではなくて、津波警報を流していた。欄外の字幕で地震の規模と震源を知る。震源は三陸沖のようだ。とすると、東北地方？　こっちがこんなに揺れたんだから、震源のほうはもっとひどかったろう。

と、そんなことを考えていたらいきなり停電した。

急に情報を断たれたので僕は混乱した。とりあえずマンションの壁にひびが入ったりしている様子はないが、少し外に出てみよう……と思って玄関に行ってみたら、タイヘンなことが起こっていた。

玄関が水びたしになっていたのだ。

玄関に置いてあるエビの水槽の水が半分くらいになっていた。

「水槽、割れたのか？」

と思ったが、水槽が割れたのではなかった。地震の揺れがゆっくりと大きなものだったので、水槽の中の水が大波をうち、単に水槽から飛び出したということらしかった。

玄関は真っ暗だったので、僕は靴下ばきのまま水の中に足を浸してしまった。とりあえず玄関のドアを開ける。溜まった水が廊下に流れ出ていった。

慌てて雑巾とバケツを持ってきて、玄関にまだ残っている水をどんどん吸わせてバケツの中で絞った。浸して吸わせて絞るというだけの作業で、数リットルの水がバケツの中に溜まった。かなりの水が溢れていたのである。

階下に漏水《ろうすい》したらまずいなあ、と思ったが、早くドアを開け、溜まった水を処理したことで、大丈夫だったようだ。

水槽の中には、僕が病気だった頃に孵《ふ》化させて育てたエビの中で、長寿だったもの（寿命二〜三年と言われるヌマエビにして既に五歳）が数匹残っているはずだったが、それらが水とともに飛び出した形跡はなかった。水が残り少なくなった水槽は水草でワカメサラダのようになっている。どうやらエビたちは水草にしがみついていて無事だったらしい。

そうこうするうちに電灯がついた。なぜか電源が回復したのだ。もしかしたらマンション全体の主電源のようなものが落ちていたのを復旧させたのかもしれない。

明るくなった部屋は、かなり惨憺《さんたん》たる様子だった。

しかし、それよりもテレビに映された大災害の様子のほうが悲惨だった。地震、そして津波。特撮映画のような、いや、特撮映画よりもずっとリアリティのある、本物の災害がそこに映し出されていた。

僕は唖然《あぜん》として、ただただ立ち尽くすしかなかった。

とても大変なことが起きてしまったらしい。

多少部屋の中を片付けて、そうこうするうちに四時になったので、保育園まで息子を迎えに行った。保育園は停電していた。部屋の真ん中に机を置いて、そこで小さな子たちが牛乳を飲んでいた。きっとコドモたちの不安を鎮めるために、だらだらオヤツ状態になったのだ。

その日は特別に部屋に入ることを許されて、僕が園児たちの部屋に入っていくと、何人かコドモが駆け寄ってきた。うちの息子もいる。うちの息子は飛びついてきて、こう言った。

「じしんが、きたの。じしんがきたの。ゆれたの。じしん、すごかったの」

「うちにも来たよ」

僕は息子を抱き上げながら言った。息子が僕の手を気にした。そうだ、割れたガラスを片付けているときに手を切ってしまって、包帯を巻いていたのだ。

「大したことないから、だいじょうぶ」

そう言って、僕は、息子を抱きかかえて帰路についた。既に首都圏の交通網が止まっているというニュースを耳にしていた。保育園にいたコドモの何人かは、夜遅くまで迎えが来ないかもしれない。保育士さんたちもタイヘンだ。
うちの相棒も、東京で地震に遭い、夜の九時までかかって歩いて帰ってきた。携帯電話*は通じず、かなり心配したのだが、知り合いの画廊に避難して固定電話で連絡を取ることができたので、徒歩で帰宅するという行動予定を知ることができたのだ。

ところで、この大地震。東北地方の被害がまず速報されていたのだが、実は地元浦安市でも、かなりトンでもないことになっていたのだった。僕の住んでいる元町地域の被害は軽微だったと言えるんだけど、それでも川沿いに建てられたうちのマンションの被害は小さくはなかった。

ガスとエレベーターは二、三日復旧しなかった。断水は五日続いた。トイレに流す防火用水をバケツで汲みに行き、地元で水道が出ているお宅をハシゴして、上水をもらい、風呂や洗濯機を借りる。そんな生活がしばらく続いた。
断水だけでもけっこう堪えた。二百戸あるマンションの住民全員が同じ目に遭っていた。でも、埋立地の惨状に比べれば全然マシだったのだ。
埋立地の被災は凄かった。地面が液状化*し、水道・ガス・下水のインフラが壊滅した。一戸建てや小さな商業ビルは斜めに傾き、道路がめくれあがり、噴出した泥と砂で海岸の

*携帯電話
本当に携帯電話は通じなかったなあ。ショートメールもEメールも送信はできても、結局届かなかった。そして、携帯電話を片手に歩いている人は実にたくさんいました。

*液状化
過去に同じくらいの震度が発表された地震に遭ったこともあるのだけど、そのときはまったく液状化の被害はなかった。今回は震度五程度の揺れでも、小刻みではなくちょうどザルを揺するような周期でもって、しかも長時間揺らされたので、土中に含まれる水分が分離して上昇し、泥水となって噴き出してきたものと思われる。土中の配管も、あるものは沈み、下水管のようなものは浮上して、そしてポキポキと折れてしまった。

ような景観になってしまった。住居として使われている大きなマンションは概《おおむ》ね無事だったが、すべてのインフラが整っていることを前提に、たくさんの人を集めて住まわせているもののインフラが断たれてしまうと、ただただ人が密集しているだけの場所になってしまう。当初は停電地区もあったが、すぐに電力は復旧し、エレベーターなども動き始めた。でも、あまりにも人が多すぎて、給水車が出動しても一人あたり二リットルしか水を配れないような状況だったと聞く。

この埋立地の被害は大きすぎて、この文章を書いている今もまだ断水状態の地域が残っている。下水の被害も深刻で、断水が解消されても、水道から出る水を飲むだけにしてくださいとアナウンスされているらしい。食器を洗うのもダメ、トイレを流すのもダメ、洗濯や風呂なんてもっての外……。下水の復旧も早くても二～三ヵ月はかかるとのこと。

鉄道も復旧に時間がかかったので、埋立地の人たちが僕らの住んでいる元町を経由して地下鉄に乗って職場に向かったりしていた。バスの停留所のところには黒っぽい土が溜まっていた。それは埋立地の道に溢れている泥が、バスに乗ってきた人たちの足についてきたものらしい。また、元町の人たちも仕事やボランティアで埋立地の泥除去に行っていた。

東北のほうの被害状況があまりにもひどかったので、浦安の液状化被害のことはテレビや新聞でもほとんど取り上げられていなかった。それはそれで、仕方のないことのようにも思えた。日常は大きく変質し、もう元には戻れない。だけど、今、そうなってしまったのだ、そこで生きていくしかないじゃないか。

もちろん、小中学校・幼稚園も三月一一日を境に休みになってしまったから、浦安を脱出していく人たちも多かった。たいてい母親と二人以上の子連れ。避難とか疎開とか、実家に身を寄せるといったコトバが浮かぶ。インフラが止まった集合住宅で生活していくのは大変だ。他に楽な方法があれば、それを選ぶことは当然と言えるだろう。

地震の日から十日ほどが過ぎた。マスコミはようやく、浦安の被害状況を伝えるようになった。でも、どこかよそよそしい。読売新聞は「千葉リーヒルズと呼ばれた高級住宅地が泥の海」なんて書いている。ちゃかしているとしか思えない。そうした視線を集約するような意見をネットで見かけた。

「埋立地に住むということは、いつかこうなることは、わかっていたはず」

この意見を見たとき、僕の心の中でズシンと響くものがあった。

ああそうだ、いつかこうなることは、確かにわかっていた。だけど、そのいつかは永久に、来ないと信じていたかったのだ。

そして、地震の日から二週間が過ぎた今、日本人のすべてが同じパターンの警句を喉元に突きつけられることになってしまった。

福島第一原子力発電所の事故だ。

この原稿を書いている今の時点で、米国スリーマイル島の原発事故よりも深刻だとみなされている。事態の進展によっては、旧ソ連チェルノブイリ原発の事故に匹敵してしまうか、それを超える可能性すら危惧されているというのだ。

「地震や津波のあるこの国で、原発に頼るということは、いつかこうなることだと、わかっていたはず」

放出された放射性物質による健康被害、農作物の被害、土壌や飲用水の汚染……。

そのような重篤な被害だけではなく、今現在の首都圏は「電力が足りない」状況で、計画停電*を余儀なくされている。

しかし、こうなったことを悔やんでも仕方がない。僕らは「その後」を生きていかねばならないのだ。電力がいつでも使いたい放題にそこにある時代は終わった。もちろん、地震や津波のような天災に加えて、原発災害という人災コストを引き受けることはもうカンベン願いたい。そうであれば、すべての電化製品の設計思想は変わるだろうし、電力自体

*計画停電
インフラが壊滅している状況ということが伝わっているにもかかわらず、東京電力の会見では「浦安市は大きな電力を消費している。そこに手をつけないわけにはいかない」というコメントがなされていた。しかし、大きな電力を消費していたのはディズニーランドが開園している場合なのだ。震災以後、ディズニーランドも休園状態で、おそらく節電もなされていただろう。それなのに過去の電力消費の数字だけを見て、現況を一切無視して停電を押し付ける態度には大きな反発を覚えた。その後、浦安市が被災地として認められ、被災地域は停電対象から外されたが、そのときはすでに気温が高くなっていて、計画停電そのものが行われなくなっていました。

が農業のような小規模経営で作られる生産物になっていくことも考えられる。

今の浦安は被災地にもかかわらず、計画停電が行われ、そのたび集合住宅ではエレベーターや電灯が止まってしまう。

度重なる計画停電のせいか、浦安市内の節電状況は著しい。店舗も自販機も照明を落とし、公民館や図書館も閉めてしまった。そして市民は「今日は××時から停電だね」と口コミで伝え合っている。その光景はちょっと、僕の祖母から聞いた太平洋戦争末期の日本のようだ。夜に懐中電灯の明かりで食事をしたりもした。

川の向こうの東京23区では、地震被害がほとんどなかったにもかかわらず、計画停電が行われていない。この前、地元で調達できないものを買いに遠征してみたが、節電が行われている様子がないにもかかわらず、一部の商品の買占めが起きていて、また別の異様さが支配していた。被災地浦安でも買占め行為はそれほど起きていないのに。買占めに至る心理を考察すると、それはたぶん、起こってしまったことを認められない、以前の日常をただただ継続していきたいと願う気持ちがそうさせているのではないだろうか。

実はもう、後戻りできない現実に踏み出しているにもかかわらず。

ところで、ずっと休みだった息子の保育園が再開した。保育園も給食は用意できないから弁当持参で。僕は偏食の息子のために、魚や玉子焼きの入った弁当を作ってやった。残りはわずか三回だが、一年お世話になったお友達や先生全員に会えるはず。

そうして、四月が来れば新しい保育園に通う予定になっています。

その㉓ 息子、新しい保育園を去る

入園までは
制服を着て
ぶかぶか
うれしそうに
していた息子
新しい保育園が
はじまると
無言で
ひたすら
首をふる
制服をとても
イヤがるようになった

四月が来た。新しい年度の始まりだ。

先月の震災から日も浅く、まだ周囲はゴタゴタしているんだけど、それでも学校や幼稚園、そしてうちの息子が通うようになる保育園も始まった。

今を思えば、入園のための健康診断を受けに行った翌日の大地震。その日からすべては一転してしまったが、それは前回も書いた話だ。

以前の状況に戻ることはもう無理だが、それでも緩慢に日常は復活し、そして息子の新年度も始まったのである。息子は新しくできた保育園に通うことになっていたのである。

それで、今回のこのエッセイについても漠然と、うちの息子の新しい体験やワクワクする出会いの日などを報告できればと思っていたのだった。まあ、いろいろ好き嫌いも激しく、至らぬところもある息子なので、失敗談を交えて面白おかしく……。

しかし、今この文章を書いている父親である僕は、いささか断腸の思いなんである。

あ〜あ、まさかなあ。四日で退園届けを出すことになろうとは。

まあ、今思えばなのである。新設の保育園なので、事前の見学などはいっさいできなかった。説明会もあの震災の後で、いささか混乱気味だった。そこがどんな保育園なのか、何もわからないまま入園させることになってしまったのだ。

とはいえ、うちの息子は昨年度は二つの保育園を掛け持ちしたツワモノである。幾つかの託児も経験したが、どこでも抜群のコミュニケーション力を発揮した。新しい保育園の説明会の会場でも、あっという間に友達を作っていた。だから、きっと、どこでもうまくやっていけると思っていたのだ。

それでも、実のところ「保育所・保育園」という存在は、その根っこのところでは「収容施設」である。コドモという存在が大人の社会に迷惑をかけないために、監視し、自由を奪い、制限された行動だけを行うようにさせる。それはコドモの両親がコドモに邪魔されることなく、社会のために働くことができるようにということなのである。そこはもちろん、コドモ中心ではなく大人の都合が優先される組織だ。

でも、その本質は本質として、そこをいかに糖衣でくるみ、長時間の拘束をコドモの苦痛にならぬよう、親の負担にもならぬように実行していくかというのが、保育園を運営していく人たちの腕の見せ所でもある。今にして思えば、うちの息子はそうした「うまく行ってる」保育園、保育施設、託児所にしか参加してこなかったのだなあ、と思う。

新設の保育園では、何もかもが違っていた。とりあえず見切り発車したので、保育園の本質だけが突っ走ってしまっている感じだった。もちろん、コドモも保育士も全員ニューカマーなので、とりあえず何かの秩序ができるまで、時間がかかるのだろう。それはそれで仕方ないことなのかもしれない。

うちの息子が入った三歳児クラス*は三十人余。一つの部屋に全員が入っていたが、スペースはそれなりに確保されていた。担当する保育士は四人。これも標準的な数だと言えよう。

でも、その三十人と四人は全員新人だったのだ。

その集団の中で、たぶん何人かが落ちこぼれた。それがたまたま、うちの息子だったということなんだろう。

うちの息子は一月末の生まれで、まだ三歳になったばかり。偏食があったり、発達が遅かったりという部分もあるので、あきらかに一回り他の子よりも「赤ちゃん」ライクである。でもそういう「早生まれ」のハンディは、これからもずっと息子に付きまとう。

僕が知っている限り、うちの息子は、以前よりもずいぶんしっかりしていて、いろいろ

*三歳児クラス
　三歳児クラスの名前は「だいちぐみ」。他の年齢のクラスは「ほしぐみ」「うみぐみ」など。少ない年次は四名くらいしかいなかった。「だいちぐみ」の人数は突出して多かった。入学式で「だいちのこはこっちに来てください」などと呼びかけられるのを聞いて、相棒は「大地の子かぁ」と笑っていた。山崎豊子さんの同名の小説を連想していたのだろう。まだ笑っていられるほど余裕があったわけですが。

なことができるようになっていた。そうはいっても三歳児の平均からは大きく遅れている。オムツが取れていないことしかり、服や靴の着脱、好き嫌いなく集中して食べることやなんかも。

そうしたことを、一つ一つチェックされて、プレッシャーをかけられていた。

ごちゃごちゃとした三十人クラスは、見るからに人数が多いわけだが、担当している四人の保育士のうち、責任のある立場（フルタイム就労）の人はおそらく二人。さらにその二人のうちの一人は男性だったが、同性の僕から見ても「だから男はダメなんだ」と言いたくなるような頼りなさ*。結果的にたった一人の保育士が三十人に気を配っていた。だから、たぶん名前と顔を一致させ、できることできないことを把握するだけで精一杯だったのだ。

もちろんそれは、大人の都合が優先されている話だ。

だから、うちの息子は耐えられなかったのかもしれない。

保育二日目にして、うちの息子は朝から「いきたくない」を繰り返し、到着した保育園で泣きながら食べたものを吐き出した。

*頼りなさ
うちの息子は、名前の読み、性別を間違えられた。それだけ間違えると、なにもかも全部やり直しみたいな状況になる。さらに、間違えられたのは、たぶんうちの息子だけではなかったと思う。同僚からすると「この忙しいときに仕事増やすなよ」というような人材だ。

保育三日目は、僕が忙しかったので、相棒が送り迎えをしたが、路上でのたうち回って泣き叫び、決して保育園の門をくぐろうとしないので、園内から応援を呼んで逃げるように去った……らしい。あのコミュニケーション能力が高いと思われる息子にして、保育士さんにもクラスメイトにも心がひらけず、唯一ドアを開け閉めしてくれるオバちゃんにだけ懐いている様子だったのだが。

保育四日目、朝出かける前、息子ははっきり口に出して言った。

「○○ほいくえんに、いきたい。××ほいくえんに、いきたい。□□ほいくえんには、いきたくない」

○○と××は、昨年掛け持ちで通った保育園。□□は新しい保育園のことである。

息子の表情から笑顔が消え、無理難題を言ってぐずり、泣きじゃくったりまた戻したり、そもそもあまり食欲もないようだった。

三歳にして、精神的ストレスが大きくのしかかっている。それは痛々しかった。

四日目には僕のほうも、園に不信感が芽生え始め、そういう目で保育の場所を観察するようになっていた。そうして見ていると、今までの保育園とは何もかもが違っているようにも思えた。園児たちの屈託ない笑い声がない。大きな声を出しているコドモもいない。

たしかに、いつ見ても行儀よくコドモ用の椅子に座らせられている。歌を歌ったり、紙芝居を見せられたりしていることもある。でも、コドモたちが遊んでいる様子がぜんぜん見られないのだった。

でも、僕はまだ楽観的だった。

「日本の教育現場っていうのは、そういうところなんだ。（帰国子女だった）僕も苦労したけど、学校に入ればたぶんもっと自由がない。今のうちからそういうのに慣れておくのもいいのかも」

と思っていた。

ところが、僕より先に相棒が切れてしまった。

「ちーと君（息子の呼び名だ）は、朝も帰ってきてからも、うちにいる間ずっとぐずっていて、ちっとも楽しくなさそう。今までのほうがぜんぜん良かった。これじゃ家で仕事しているほうとしてはたまらない。前より良くなると思って、週に五日保育園に通わせるのを選んだのに、前よりも負担が多くなったんじゃ意味がない！」

まあまあ、と僕はいさめた。新年度だし、全員が慣れていない保育園なのだ。もうちょっと寛容に時間が経つのを見守ってやってもいいんじゃないか、と。

しかし、相棒の決断は早かった。それは僕がうつ病になったとき退職を強要したのと、ちょうど同じようだった。いや、彼女はちょっとセッカチすぎるのかもしれないけど。

「四日間は十分な時間。それで仕事ができないやつは、一生できない」

そ、そういうものか？　確かに保育士の仕事ぶりはともかく、うちの息子の順応性から考えても、四日間で慣れなかった環境というのはかなり相性が悪いんだろうとは思えたが。

相棒は息子に訊いた。

「ちーと君。□□保育園、まだ通いたい？　それとももう行きたくない？」

三歳児の判断など何も信用できないとは思うのだが。

「□□ほいくえん、いきたくない。あーん」

息子は保育園の名前を聞くと、泣いた。相当に何か、心に傷を抱えているようだった。

そんなにイヤか。と僕も思った。

家からも近いし、苦労して入ったし、制服や制帽、上履きやシーツも買わされたし、保育園に入るための健康診断や諸費用もかかったし、それに今は待機のコドモもいっぱいいて、保育園に入れることだけでも十分ゼイタク。それに保育園をやめたら、パパは仕事ができなくなる。仕事と称して好きな本を読んだり、打ち合わせと称して相棒と外食したりすることもできなくなる。あー、まあそれはそれとして、ゴニョゴニョ。だけど……。

「うん、パパもあの保育園、イヤ」

「私もあの保育園、最初から不信感」

「ちーとくん、いきたくないです」

ここに来て、三者の思惑は一致してしまった。どうしても相性が合わない人というものがいるように、どうしてもその場所に行くと、体が逃げ出したくなる場所というものがある。新設の保育園は、どういうわけか、そんな緊張感を湛えていた。

もちろん、イヤだからといって逃げ出すというのは、本来は許されないことだ。

仕事だって、学校だって、多少イヤなことをガマンして、自分の自由を制限して、きちんと自分の本分を果たしていく。そこに人間社会で暮らす喜びというものがある、と僕は思う。それってイヤらしい大人の理屈かもしれないが、コドモのときから僕もそうしてガマンして、好きじゃない学校にも通ったし、好きじゃない学校でも気の合う友達を作り、自分なりの楽しみをみつけて達成感を得たりしていた。

だけど、それは学校だからなあ。息子はまだ三歳。学校に入るまでの半分しか、人間をやっていない。

「しょうがないよなあ。だってまだ小さいし。ダメなものはダメだよなあ」

たぶん三歳でなくたって、人生に挫折は付きものなのだ。

僕は決断した。保育園から脱落すると、また僕に育児負担がかかってくるのだが、それもしょうがない。しかし、昨年度はそこそこうまく行ってたのに、前に進まず後ろに退くようなことになるとはなあ……。

僕は単身、保育園に赴いて、退園の手続き*をすることにした。手続きをするときに初めて、息子が唯一懐いていたドアを開け閉めしてくれるオバちゃんが園長先生だということを知った。園長先生は自己弁護することなく、至らない点を認めてくれた。

僕もいろいろ、園長先生に思うところを愚痴《ぐち》ってしまった。愚痴を言いながら、どうしてもうちのコドモを中心に主張してしまう僕って少し、モンスター・ペアレントとかクレーマー親みたいかな、と自分を客観視してしまったのだが。でも要求をゴリ押ししているのではなくて、これでやめて逃げてしまうのだから、ちょっとは言いたいことも言ったほうがいいのかも。

ともかく、うちの息子の弱点*は、両親のそれぞれと一緒で「集団行動」「プレッシャー」「自由を束縛される」ということだとわかった。これに懲りて、次に託児の場を探すときは、もうちょっとのびのびしたところを選びたいと思ったのである。

*退園の手続き
四日でやめたが、一ヵ月分二万二千円の保育料を徴収された。一日換算で五千五百円。でもほぼ慣らし保育の期間中だったから、ずいぶんぼったくられた感じだ。もちろん、契約不履行なのはこちらだから仕方ないよな(後注・その後半分返金された)。

*息子の弱点
集団行動、プレッシャー、自由を束縛される……と書いてみたが、つまりは他のコに話しかけてコミュニケートできる環境がないのがつらかったようだ。集団行動と自由の束縛は、他のコにもプレッシャーを与えていて、息子が話しかけても答えてもらえない、友達ができない……という状況になっていたように思われる。

きんきゅうじしんそくほうです!!
けいかくていでんです!!
こんな言葉ばかり覚える息子
もう水道の水は信用できない!!
と言ってマイ浄水場を作るパパ
ぶくぶくぶく
スゴイねぇ

息子は、せっかく入ることができた保育園を四日でやめてしまった。

まあ、うちの息子はまだ三歳だ。だからやめてしまったといっても、親がやめさせたようなものかもしれない。三歳だから、イヤなことをガマンさせてまで続けることもないと親である僕たちは思ったのである。

しかし「保育園」というのは、本来は「保育に欠ける」コドモが通うことになっている。つまり保育園が預かってくれないと、保育にあたる人がいないハズなのである。そこで保育園に代わる保育者を、とりあえず急場しのぎに立てるということになる。それで別の保育園に通うことを希望していれば「待機児童」ということになるのだろうが……。

我が家の場合、親である僕たちが希望してやめさせてしまった。

いまさら、他の保育園を希望というのもおこがましい。

しょうがないので僕が仕事を休みつつ息子の保育にあたるという「以前の形」に戻ることになったのであった。

まあ、僕は今現在、根を詰めてあたらなければならないような仕事はしていない（のか？）と思うので、以前のように朝早起きして文章を書く仕事や経理の仕事を済ませてしまうことで、なんとか対応できる。相棒のアシスト作業は別の労働力を雇うことで、保育園にあたる保育は僕が補って回していく。僕らの住んでいる市の場合、専業主婦（主夫）のいる家庭でも、月に二回だけ保育園に預けるサービスを使うこともできるんだよな。

しかし、息子が保育園をやめて一週間で僕が音を上げてしまった。

息子も成長していて体力がついている。家に閉じ込めておけばうるさい。しかし外に連れ出すと、砂場の砂にガバガバと手を突っ込み、その後、指を鼻の穴に入れたりしているのである。道端の植物をむしり取って、口に持って行って舐《な》めたりしているのである。

「そんなことしてないで、そうだ、スーパーに行こう」

と、僕が息子を自分の意向に添わせようとすると。

「いやだ〜、いかない。いかないもーん」

と、車道に寝そべって抵抗する。

大震災と原発の事故以後、いろいろ僕の中の子育てルールが変わったのである。首都圏では放射性物質という危険な塵芥《じんかい》が、まあちょっとはそのへんにあるんだろう、と思う。今までは犬のオシッコや、ちょっとした菌や、排気ガスから出た窒素酸化物などを気にしていれば良かった。もしかしたら放射性物質よりも犬のオシッコのほうが有害度＊は高いのかもしれない。だから、今までやっていたことを「するな」というのも、親の思い込みであって、息子のやっていることのほうが理にかなっているのかもしれない。

＊有害度

原発事故の後、あちこちのサイトを見ていてこんな比較をみつけた。「年間百ミリシーベルトの被曝は、家庭内に喫煙者がいるのと同程度の有害度」この記事を読むと、放射性物質の被曝は大したことがないと言っているのか、喫煙の有害度はそれほど高いのだと言っているのかよくわからない。僕らの世代がコドモの頃のほうが、米ソの核実験があって、放射性物質はもっと高い数値で身近にあったという話もあるし、また各家庭のお父さんの喫煙率も高かったし、有害物質が食品や環境に混入する事故もしばしば。「公害」なんて今はほとんど聞かれなくなった単語も、怪獣映画にすら頻繁に登場するほど周知のものだった。大気汚染、水質汚染、ミルクに砒素が混入したり……。それで、そんな僕たちがなんとか育ったのだから、あまり気にする必要はない？　でも、そんなこと言われても、それとこれとは別だと思う。

でも、理屈ではなく僕の胸のうちがザワザワとなって不安で仕方ないのだ。政府からはいろいろな数値の発表や、測定結果が出ているが、そもそも「原発は絶対安全」と言っていたのも同じような人たちなのだ。その人たちに「いやこのくらいなら安全」と言われても、全然信用する気になれない。

そんな不安なザワザワに負けて、息子を外に連れ出すことが少なくなっていった。

しかし、家にいても別の種類のストレスがかかる。

実は、我が家のイグアナたちが亡くなった以後、イグアナを飼育していた相棒の「仕事場」をリフォームしようと考えていて、その手はずを整えていた。大震災の直前には、仕事場の荷物を生活の場に移動させていた。部屋の中は積み重なったダンボール箱でいっぱいで、その中で寝起きしている。コドモが遊ぶスペースなど、ほとんど確保できていない。相棒もその中で仕事しているし……（だから息子のぐずぐずがガマンできなかったということもあるのだ）。そして震災以後、建築資材が調達困難になったということで、リフォームのほうはすっかり滞っている。

そんな中で、たびたび余震*が来る。ダンボール箱や不安定な棚を手で押さえて必死だ。息子はストレスが溜まってウルサイ。相棒は外に連れ出せと切れる。でも、地元浦安は被災していて、図書館も公民館もみんな休みだ。外遊びは神経が切れそうになる。

*余震
マグニチュード九・〇という大規模だった本震の余震ということで、規模の大きいのが幾つもきた。一度液状化を起こした土地は、以前よりも液状化を起こしやすくなるという話も聞いた。もう気が気じゃないところに持ってきて、大震災からちょうど一ヵ月後の四月十一日に、また大きな余震が来た。この日は、相棒は一ヵ月前とちょうど同じ仕事の打合せで東京に出ていた。すべてがフラッシュバックしました。僕の頭の中には、モーゼと神様が出てきて、モーゼに向かって神様が「おまえたち、よく一ヵ月辛抱したな。それでは、ごほうびをあげよう」とまた地震を起こす様子を思い浮かべてしまった。

「がーっ、もうイヤだ」

僕はすっかり途方に暮れてしまった。息子は四日で保育園を投げ出したが、僕も三日で保育を投げ出しそうだった。

「あーっ、どこか遠くに行きたい」

「……行ってくれば？」

「えっ？」

「あ、私は行かないよ。仕事もあるからね」

「それって、旅行に行ってこいっていうこと？　息子を連れて……」

相棒の提案に、僕は訊き返していた。僕は旅行というものがもともと好きではなく、特にうつ病をわずらってから、昨年息子を江ノ電に乗せてやる一泊旅行に連れ出すまで、およそ八年もの間旅行というものをしたことがなかったのだ。

でも一泊旅行ができたということは、好き嫌いは別として不可能ではないということだ。

「そ、そうか、そういう手もあったか。もうイグアナもいないし……」

毎日面倒を見てやる必要があったイグアナはもういない。カメが数匹とベルツノガエルがいるのだが、こいつらは数日に一度の手間でいいくらいだ。カエルに至っては、月に一度か二度餌を与えてやればいいだけ。

「じゃあ、ちょっと行ってくるかな。北海道へでも」

北海道は、以前僕の両親が住んでいたところでもあり、馴染みがある。僕の出身地ではないのだが、千歳市にたびたび「帰省」していた。空港も近く素敵なところだ。息子に千歳という名前をつけたのも、きっとその印象があったのだと思う。

「ちーと君、千歳市に行く。いいじゃないか……」

と、考えたのだが、多少問題がないでもなかった。

息子は三歳だ。例えば新幹線だったら、膝の上に乗せていれば料金はかからない。しかし北海道に行くとなると、距離的に飛行機ということになる。飛行機だと三歳から料金がかかる。さらに、息子は飛行機に乗ったことがない。新幹線は大好きで乗っている間そこそこ静かにしていてくれたが、飛行機は好きじゃなさそうだし、ダメかもだな。自分が三歳だったとき、飛行機に乗せられてずーっと泣いていたそうだ。

「やっぱり、新幹線で行けるところにしなよ。それとちーと君は鉄道が好きだから、息子の趣味にも合わせてやりなよ」

と相棒の指摘も入る。

息子の趣味、といえば「ぶらり途中下車の旅」である。最近のお気に入りは「京福電鉄嵐電」なのだ。あと「叡電に乗る太川陽介さん」も好きだったな。

「京都か……」

息子に「京都に行ってみたい？」と訊くと。

「とさくろしおてつどうにも、のりたいです」

と全然、地理など把握していない答えが返ってくるのであった。土佐はちょっと遠いな。新幹線通ってないし。

「京都に限らず、関西でも回っていれば？」

「関西か……」

確かに関西の鉄道をぶらぶらと「乗り鉄」して回るのも楽しいかもしれない。阪急、阪神、南海、近鉄、魅力的な私鉄がいっぱいある。嵐電や叡電、ポートライナーや大阪モノレール、岡山の市電とか、ローカルな鉄道にも面白いのがあるのだ。

息子の保育園の友達も、だいぶ関西に行っている。地元が被災したこともあり、その後の原発騒動も重なって、関西に実家がある家庭の場合は避難度一〇〇パーセントと言ってもよい。うちの場合、関西に親戚はないのだが……。

「関西なら、少しは地理に詳しいかも……」

実は、僕は中学時代の三年間、大阪の千里ニュータウン*にいたのだ。小学生時代は千葉県の船橋市にいて、高校生時代も千葉県の船橋市在住だったので、その間に挟まれて関

*千里ニュータウン
大阪府の北の方、豊中市と吹田市にまたがる千里丘陵に一九六〇年代に開発されたニュータウン。この地域のすぐ東側は一九七〇年の大阪万博の開催地となり、その頃は進歩的でカッコいいニュータウンだったわけです。僕が住んでいたのは、七六年から八〇年の春まで。北大阪急行の桃山台駅のすぐそばにいました。それから三十年、建物の老朽化、住民の高齢化が課題となっている。

西人としてのアイデンティティーは封印してしまっていたのだが、中学時代の三年間というのはそれなりに自分の中で特別な時期だったんだと思う。

今では、そんな関西人アイデンティティーは「大阪フィル偏愛」という形でしか残っていないのだが。でも、関西に行けば多少なりとも当時の知人にも会えるかもしれないし。

「わかった。ちょっと関西に行ってくるかな。息子連れて」

そういうことができるのも、就学前だからではあろう。

というわけで、ゴールデンウィーク前の通常運賃*の間に出発して、ゴールデンウィークが終わって通常運賃に戻るまで、息子の乗り鉄熱に押された形で、父子は関西「乗り鉄」放浪の旅に出ています。

どこかで見かけることがあったら、どうぞよろしく。

＊通常運賃
宿泊費などは「通常」と「混雑期」で分かれているのだったが、旅客運賃はそうじゃなかった。混雑期のほうが「通常」しか使えなくて、混雑期以外はいろいろ「割引要素」があるのだった。「ひかり早特きっぷ」とか、ＪＴＢの販売する「ぷらっとこだまエコノミープラン」とかね。

息子の電車好きにつきあってるうちに
ひゃー新しい京成スカイライナーかっこいい!!
南海ラピート乗ってみたい!!
ハハは500けいとレールスターにかならずのるんでしょ?
うん!!
「ハハ鉄」になった私

二〇一一年五月のゴールデンウィーク。

なぜか、僕と息子は関西にいる。震災の爪痕《つめあと》が大きく残る関東以北とは異なり、こちらは無傷と言ってよい。もちろん、同じ国の中で同胞が受けた災害として、精神的には大きな影響があると思われるものの……。

関西のテレビや、電車の中で大きな声で交わされる会話（こっちの人は本当に「聞かれることを意図して会話している」ようだ）から察すると、常に東日本の震災は、一九九五年の阪神淡路大震災とリンクして語られる。

「あんときはこっちがあれやったけど、今回はあっちがこれやからな」

というフレーズを何度か聞いた。わかるような、わからないような……。

まあともかく、こちらの雰囲気は明るい。

関東と比べれば、まずは余震で揺れることがない。原発の影響も限定的だ。西日本と東日本では電力をやりくりできないので、節電ということもほとんど見られない。義援金を募る人はよく見かける。

そんなところを、ベビーカー*を転がして歩いていると、なんだか「避難してきた」ような気持ちがしてしまうことも事実だ。小さいコドモを抱えて被災して、とぼとぼと見知らぬ土地に移ってきたかのような……。

＊ベビーカー
関西でベビーカーを使用するのは快適だ。理由は交通インフラに対するベビーカーの比率が、首都圏のほぼ半分くらいに実感されるから。もともと電車の混雑度も少ないのだが、ベビーカーの使用率も少なそうだ。そして、男性がベビーカーを使っているのにはあまり遭遇しない。もしかしたら男性の育児参加率が低いのでは、と疑ってみたのだが、実際はそういうことではなく、駐車場が安いために子育て世代の自家用車所有率が高く、特に男親が育児・子育てを任された場合、ベビーカーではなくマイカーを使ってしまうからのようだ。同じことは、首都圏でも相棒の実家以北の北埼玉、群馬、栃木エリアに言える。

「自分、浦安から来まして、今回の地震で家がしばらく住めないようになってますんで」

こんな説明もときどきした。一週間で僕のアクセントは関西弁になってしまった。中学生時代にはそうやって喋っていたもんな。

だけど、本当はテレビで見るような激しい液状化で住宅が傾いたということではない。資材不足でリフォームが無期限延期になっていて、荷物でいっぱいの家に住むには余震が怖いというのが本当のところだ。

でも、旅先での話は簡単でわかりやすいほうがいい。そうすると、被災してちょっと逃げてきた父子、みたいに受け止めてもらえる。

「そらタイヘンやったね。デズニーランドも、あれやったんでしょう。でもそろそろ再開したってニュースで言ってましたわな」

「ええ、ぼちぼち戻ってきてます。まあ、家のほうは少しかかるんで」

そんな会話もした。

ゴールデンウィークの前半は、仕事が一段落した相棒とも合流した。三人で電車に乗って、定番観光地からは少し外れたスポットに行ったり、スーパーで見慣れぬ食材を買い求めたり。後半にはまた相棒は浦安に戻ってしまった。父子二人の旅が続く。

今回の旅での足枷は、三歳前半の息子の「偏食」「オムツ」「ベビーカー」である。これがどうにも、通常の観光の妨げになる。しかし、考えようによってはこの三つをうまく活かすと、強みにならないこともない。できないことはできないと諦めて、逆にそこから利益を拾うことも不可能ではないのだ。

そういう、マイナスを転じてプラスにするという生活態度は、もしかしたら僕がうつ病闘病で「できないことが多かった」ことから身についたものかもしれない。できないことが多いけれど、逆にできることを中心に楽しみを広げていく……。

小さなコドモを抱えて旅をするというのも、制限は多いけど、できることから掘り下げていくと楽しい時間を過ごすこともできる。

息子の偏食は、保育園をやめてからいっそう強くなった。これくらいの年齢のコドモがいると、外食は制限されるが、それにしてもうちの息子の場合は外食全滅といっても良い。なにせ、コドモ目当てのハンバーガーやファミリー・レストランですら、何も食べられなくて出てくる羽目になるのだ。外食で唯一可能と言えるのは「うどん」なのだが、それでも味のこだわりがまた強い。一口も食べないで騒ぎ出すときもあるので、大きな商業施設にあるフードコートなどの利用が無難である。それ以外には、スーパーでお惣菜などを買って持ち帰って工夫して食べさせる。

関東と関西で味が違うのでびっくりしたものも多い。玉子焼きに関しては、例えば同じメーカーでも、関東のものは甘くてお菓子っぽいのだが、関西のは塩味だ。息子はショックを受けていた。

親である僕たちは、せっかく関西に来たのに、食べたいものがほとんど食べられないなんて、と困惑したこともあるのだが、スーパーで食材を見て回るのもなかなか楽しい。聞いたこともないメーカーの、なんだかわからない商品も進んで買い求めてみる。僕は今回関西に来てから、(関西に住んでいた中学生時代もほとんど食べた記憶がない)「ベニショウガのてんぷら*」の美味しさに目覚めてしまった。注意して見てみると、どこのスーパーにも必ず置いてある。関東では見かけたことがなかったのに。

また、息子のオムツは、あいかわらず取れていない。ウンチの自覚はあるらしく、とんでもない山奥の観光地などでも「ウンチでちゃった、おきがえするの」と言い出してドギマギすることがある。オムツをかえる、と言わず「おきがえする」と言ってくれるのがまだ生々しくなくて良いのだが。本来ならば、もうそろそろ集中トレーニングして、オムツが取れる頃合なのかもしれない。実際、先月通い始めた保育園では「オムツはすぐに取り

*ベニショウガのてんぷら　他にもウィンナーソーセージと玉ねぎとウズラの卵などを串に刺しててんぷらにしたものをよく見るが、あれも関東では見かけないものだ。ベニショウガもレンコンもそうだが、関西の天ぷらは食べるときにウスター・ソースをじゃぶじゃぶかけて食べる。てんぷらにはソース。これ鉄則。

ます」と宣言されていたようだったのだが。まあダメだったんだよな。でも、これも一緒に旅をして回る上では、オムツのほうがぜんぜん気楽だ。長い時間待ってやっと乗り込んだ列車やバスの中で「トイレいきたい」と言われたら、そっちのほうがタイヘンだと思う。

そして、ベビーカー。もうほとんど、この年齢ともなるとベビーカーは「移動できる拘束具」である。そうはいっても、自分ではちゃんと歩いてくれないし、観光地などではお土産に目がくらんで、そこを動けなくなってしまうこともある息子。強引にくくりつけて移動する必要にかられることはままある。もちろん電車やバスにはそのまま乗ることが難しいし、折りたたんでもかさばるものには違いない。それに、強引にベビーカーにくくりつけたとて「パパァ〜いやだいやだ、あっちいくんだ」と泣き叫ぶのを無視して移動するのは、慣れたとはいえ気持ちの良いものではない。それから、京都や奈良などの古い寺社ではありがちだが、石段、砂利道、狭い小路などが行く手を阻む。京都御所の脇で砂利にはまり込んでいたら、皇居警察がやってきて「だいじょうぶですか、お手伝いしましょうか」と声をかけられたりもした。

さあ、そんな苦労をして、ひたすら息子を鉄道に乗せる。鉄道は移動手段だから、着いた先では観光もするが、得てして観光は不評だ。短時間で切り上げて、また鉄道に乗せないと息子の機嫌が悪くなる。

息子の機嫌を取りながら、僕は思う。なんだかこれは壮大な人体実験をしているようじゃないか、と。この連載のタイトルは、「コドモ大人化プロジェクト」だ。今の僕は、息子が希望するまま、息子の好きな鉄道を与えている。これだけ好きなものを与え続けると、どんな人間になるんだろうかと思う。ダメ人間を養成しているような気もするが、鉄道に乗り続けるというのは、それはそれで忍耐も要するものなのだ。息子は意外に耐えている。ときどき退屈して寝てしまったりもするが、鉄道の車内で寝るなどして英気を養うというのも、それはそれで立派な技術と言えるだろう。

それでも、息子はときどき言う。

「もう、あきた。おうちかえる」

父はガーンとなるのである。

もっとも、息子の言うところの「おうち」が関東のことを指しているのではないということにも気づいてきた。屋根があって、足が伸ばせて、そこでお気に入りの鉄道の絵本を眺めることができれば（現実の鉄道と絵本で眺めるのとはまた別の楽しみらしい）そこが

「おうち」であるようだ。

あるいは「おうちかえる」と言い出しても、水を飲ませたり、お菓子を食べさせたりすることで復活することもある。復活すると、またしばらくいろいろな電車に乗る。運転席の後ろの座席を確保して、息子は「ガシャーン、シュウ、ガタンガタン……」と電車が出す音を口で真似*している。

僕もひたすら、お尻が痛くなるまで電車に乗ってみて、自分はけっこう電車に乗るのが好きだったような気がしてきた。いや、電車に乗り続けるってのも楽しいものだ。

関西の鉄道は個性的なものが多い。とんでもない山奥まで線路を引いていたり、トンネルがたくさんあったり、湖畔を走ったり、突然路上に出たかと思うと、わざわざ歴史的な建造物を回避してなんとも不思議な道筋で走ったりもする。

そんな鉄道をかつて誰かが敷設して、今もきちんと整備して、定時運行して、乗客がいて、生活がある。今まで僕がまったく知らなかったところにも鉄道が走っていて、さまざまな人が乗り降りして、人生を送っていたのだ。突然僕はそこにやってきた。それをそこに、まじまじと見て、それでじわっとした感動を覚えている。

「地震があったから、こんなところに来て、こんな人と会えたんだな。こんなものが見られたんだな……」

＊電車が出す音を口で真似
ケーブルテレビのMONDO21というチャンネルで「鉄道モノ談義」という番組をやっていて、息子にこれを見せていたのだが、野月貴弘さんという車掌さんの真似が得意なミュージシャン（？）が、エアー電車と称してこれをやっていました。息子は大喜びでさっそくその技を取り入れていた。

まあ、そうかもしれない。地震もそうだが、息子の鉄道好きもまたしかり。ゴールデンウィーク後半、もう三連休も過ぎた。関西の私鉄乗り放題のフリーパス、「スルッとKANSAI」の有効期限も週末までだ。

ゴールデンウィークの締めの計画は、高野山、比叡山をそれぞれ鉄道、ケーブルカーで制覇するというもの。高校生の頃、日本史を勉強して「テンサイはエン・シンクウはキン」と暗記した。天台宗の開祖の最澄が比叡山延暦寺を本拠とし、真言宗の開祖の空海が高野山金剛峯寺を本拠としたという意味である。その二大聖地を訪れてしまおうとしているのだ。いいのだろうか。ベビーカーは大丈夫だろうか……。

私の夢は宝塚に住むことでした!!
大劇場
武庫川
宝塚市の花スミレ
まさか現実になるとは…。
ボー
人生ってホント何がおこるかわからない
山
ハハーどうしたの?
宝塚の部屋

修行のような関西鉄道の旅を続けている。

首都圏に戻るのは、まだまだ先のことになりそうだ。住んでいる部屋のリフォームが始まったが、資材不足・人材不足で完成がいつになるのかは、まださだかではない。おまけに「部屋の床が傾いている」とまで言われてしまった。その理由が今回の大震災なのかどうかはよくわからないけど。

仕事のために浦安に戻っている相棒と電話で話した。

「余震がまだひどい。ダンボールが崩れてきたことはないけど、君たちの寝るところはないよ。仕事場にあった植物やヌマガメも移動してきたから」

そんなことを言われてしまった。

そこで、とりあえず僕らの部屋が暮らせるようになるまで、関西に仮の住居を構えることにした。リフォーム中に近所に部屋を借りるというケースはよくあるが、今は近所で借りることもできない。地元浦安は液状化の被害からまだ完全に復旧しているわけではない。余震、原発の影響、電力や物資の不足。どれをとっても快適な住環境とは言いがたい。さらに息子は保育園をやめてしまっているが、代わりに利用できる施設があるわけでもない。図書館や公民館ですら使えないのである。

ここは思い切って、遠方でも良しとすべきではないか。

＊宝塚歌劇
　ご存知相棒の耽溺する、少女歌劇。宝塚音楽学校の卒業生からなる歌劇団は全員女性で、「ベルサイユのばら」のような少女漫画チックなミュージカルやレビューを上演します。もっとも、男役トップともなると年齢は二十代後半から三十代に達する。少女ではなく立派な大人である。その本拠地が「大劇場」。兵庫県宝塚市に存在する。東京にも宝塚歌劇場があり、その名称は「東京宝塚劇場」略して「東宝」。こちらは映画の製作会社としても有名です。ちなみに、「バウホール」は大劇場の敷地内に作られた小劇場。「音楽学校」は歌劇団員を養成する学校、「花のみち」は宝塚駅と大劇場を結ぶ道で、両脇に四季おりおりの花が植えられている。「すみれ寮」は音楽学校の学生が入る寮のことです。

＊手塚治虫
　漫画の神様。代表作は「鉄腕アトム」「ジャングル大帝」「リ

関西に部屋を借りるにあたって、息子の好きな京都や、僕が昔住んでいたことのある千里ニュータウン、相棒の同業者の多い枚方《ひらかた》市、泉北ニュータウンや六甲アイランド、関空の近くの泉佐野市、大阪空港近くの伊丹市や豊中市、神戸のポートアイランド、尼崎や西宮といったところも候補に挙げて検討してみた。

最終的に決まったのが、兵庫県の宝塚市である。

宝塚と言えば、我が家の三人の思惑もそれぞれだ。

「宝塚と言えば、宝塚歌劇*。大劇場、バウホール、音楽学校、花のみち、すみれ寮！」

と言うのは相棒。

「宝塚と言えば、手塚治虫*ダイセンセイだよなあ。あとは温泉*くらいか。オーケストラ*は歌劇の伴奏のくらいしかないし」

と思うのは僕。

「はんきゅうでんしゃ、はんきゅういまづせん。はんきゅうたからづかせん」

電車のことしか頭にない息子。

しかしともかく、三人が納得できる要素は揃っている。そして、鉄道であちこち放浪するにしても、阪急電車*の各線の始発であり、さらにＪＲの駅があって、どこにでも行きやすい。大阪、神戸は三十分、奈良や京都に一時間で行けてしまう。また空港アクセスも

ボンの騎士」に「火の鳥」「ブラック・ジャック」「三つ目がとおる」でしょうか。宝塚市は手塚治虫先生の出生地ではないが、事実上の故郷といえる場所だ。そのため、現在も「手塚治虫記念館」が存在し、また「リボンの騎士」の主人公サファイアは宝塚市の特別市民で、エフエム宝塚のマスコットになったりしている。また道を歩いていると「アトム110番」なるステッカーを目にすることもある。

*温泉
宝塚はもともと温泉町として発展し、阪急の創始者小林一三によって、宝塚歌劇団やルナパーク（のちの宝塚ファミリーランド。現在は廃園）が設立され、発展しました。今でも湯本町というところには温泉施設があります。後述する「ナチュールスパ宝塚」などがそれです。

*オーケストラ
僕が好きな日本のオーケスト

良い。大阪空港は隣の市で、バスで二十分。阪急とモノレールを利用しても三十分だ。

宝塚にしよう。できれば、宝塚駅の近くがいい。

そう思って物件探しに乗り出したのであった。


しかし、宝塚に部屋を借りたいといっても、こちらに仕事があるわけではない。それどころか、仮住まいであって住民票すら移すことはないのだった。おまけに部屋探しをする僕は専業主夫だ。相棒の名前で借りるとしても、相棒も部屋を借りるのが難しい自由業種の漫画家だ。どうなんだろう、無事に借りられるのだろうか？

でも、ともかく動いてみないことには話にならない。僕は駅近くの不動産屋さんに足を運んだ。

心配は杞憂《きゆう》に終わった。あっさりと部屋を借りることができたのであった。駅から五分、宝来橋を見下ろすマンション物件。築年数は経っているが、阪神淡路大震災も無事に乗り越えてきたとも言える。窓からは武庫川と塩谷川が見える。またしても川沿いの物件だ。宝塚大劇場とナチュールスパ宝塚、そして阪急今津線も見える。眺望だけでも、超優良物件といえよう。こっちのコトバで言えば「むっちゃええ眺めでごっつ得したで*」である。

部屋を借りるにあたっては、思わぬ応援があったのであった。


ラは大阪フィルハーモニー交響楽団です。それから京都市交響楽団です。北海道の札幌交響楽団も割と好き。首都圏では読売日本交響楽団と東京都交響楽団が好き。たびたび放送でお目にかかるNHK交響楽団は、やっぱり無視できないし、新日本フィルハーモニー交響楽団もディスクを山ほど所有している。そして、それらはいわゆる、クラシック音楽を演奏するオーケストラなわけです。宝塚には宝塚歌劇オーケストラなるものが存在し、大劇場でミュージカルの伴奏をしているが、クラシックのコンサートがあるわけではない。

＊阪急電車
阪急電鉄のこと。大阪、京都、神戸をまたにかけたアズキ色の車体の私鉄。もともと阪神急行電鉄という名称で、それを略して阪急となりました。関西では存在感のある鉄道です。僕の大好きな指揮者、朝比奈隆さんもこの鉄道会社に就職していたことがあった。運転手をしていて、

藤原紀香さんだ。

と、いっても紀香さんが不動産屋さんに電話してくれたとか、そういうことではない。そんな恐れ多い話ではない。僕らは一面識もないわけではないが、いや本当に一面識だよな。一度お会いしたことがあるきりである。

でも、紀香さんのおかげで部屋を借りられたと言えよう。

今住んでいる物件から、武庫川沿いに十五分も歩くと、西宮市の生瀬《なまぜ》という地区に出る。途中にはほとんど何もない。やがて生瀬に出るとジンジャーエールで有名なウィルキンソンの記念館などもあるが、紀香さんはそこのご出身なのである。いわば郷土のヒロインなのだ。僕もこちらに住んでから、朝ウォーキングなどして、紀香さんの通った小学校を見てしまった。まったく、相棒の通った小学校でさえ足を運んだこともないのに……。

そんなわけで、相棒の仕事について説明して、作品がドラマ化されて、相棒の役を藤原紀香さんが演じたというその一点だけで、大家さんも管理会社も不動産屋さんも「合格」のハンコを押してくれたのだ。まだお会いしたこともない大家さんは年輩の女性らしいが、僕にはその大家さんの「紀香ちゃんのやらはった人やったら何の問題もあれへんわー」という声がなんとなく想像できる。

まあ、そのくらいこちらでは藤原紀香さんはステイタスなのである。宝塚歌劇のトッ

それは楽しかったらしいが、辞令が出て百貨店事業に配属されたことで、退社して音楽家になったという経歴の持ち主です。ところでこの阪急、当初の阪神急行電鉄という名前とまぎらわしい阪神電気鉄道、略して「阪神鉄道」とは長らくライバル関係だったが、今は経営を統合し、阪急阪神東宝グループを構成している。阪神といえば「阪神タイガース」だが、この阪急もかつて「阪急ブレーブス」という球団を所持し、西宮球場を本拠地としていました。でも阪急ブレーブス、お世辞にも人気球団とは言えなかったな。その後ブレーブスはオリックスに売却されオリックス・ブルーウェーブ（現オリックス・バファローズ）に、西宮球場は阪急西宮ガーデンズ（商業施設）になってしまった。ところでこの阪急電車。宝塚本線、神戸本線、京都本線と幾つかの支線から構成されています。宝塚駅は、大阪梅田行きの「阪急宝塚（本）線」と西宮北口行きの「阪急今津（北）線」の出発地点ともなっている

プ・オブ・ザ・トップ轟《とどろき》悠《ゆう》理事*や宝塚市長の中川智子さんに匹敵すると言えるかもしれない。その方と一度仕事をしたというだけでも信用を得ることができたのだった。

　さて、宝塚市に住居を定めたというものの、引越し荷物を入れるわけでもない。とりあえず最低限のものだけを購入し、あとはひたすら、昼間は電車に乗ってどこかに行くという生活である。関西ローカル私鉄の旅は続いている。まだ全制覇にはほど遠い。修行の道は厳しいのだ。でもとりあえず夕方になると帰ってくる「おうち」があるという感覚はいい。

　相棒もときどきフラリとやってくるが、ほとんど仕事をしている。たまに歌劇を観に行ったり、病院に行ったり（病院の利用がしやすい）、関西ローカルのテレビを見たりしているくらいだ。

　子育てに関して言うと、住所をこちらに移したわけでもなく、行政の提供するサービスを受けられるわけでもないので、実際のところはよくわからないのだが、わずかな期間から感じた印象だけで言うと、子育てをしやすい環境のように思われる。それは、町の雰囲気や交通機関の混雑具合、そしてビジターで利用できる託児所があちこちにあるということからそう思うのだ。首都圏では手頃に使える託児所があまりなく、特にビジターで利用

のです。ちなみに、有川浩さんの『阪急電車』という小説もあり、映画もできたが、それについては後述。

*むっちゃええ眺めでごっつ得したで
　とてもいい眺めなので大変お得感があります。

*轟悠理事
　元雪組トップで、今は専科のスタア。歌劇団の理事でもあるので「リジ」というニックネームでも呼ばれている。トップ・オブ・ザ・トップと呼ばれるゆえんは、他の専科生が、主に老け役（メルシー伯爵とかグスタフ三世とか）を演じるのに対し、彼女が各組に客演すると、トップを差し置いて主役としての役（オスカルはちょっと無理だが、白洲次郎とか）を獲得するからです。この場合、各組のトップは、本来の二番手の役を演じることになる。でも各組のトップが彼女を上回る実力を持ってい

することは難しかった。こちらでは自治体の運営するホールや、宝塚歌劇の大劇場、商業施設などにも託児所がある。首都圏ではそういう場所に託児所があるケースが少なく、ホテルや私設の託児所は高価だったり、会員制だったりして敷居が高かった。

そして、小学生くらいのコドモ、息子にとってはお兄ちゃんお姉ちゃんにあたる世代のコたちなんだが、そういうコドモたちが人懐っこくて優しいんだよなあ。

そういうお兄ちゃんお姉ちゃんとして優しく育ったコドモたちがいて、息子に優しくしてくれるというだけで、なんかコドモがすくすく育つことができる環境のような気がしてしまう。

もちろん、それは単なる文化の違いなのかもしれなくて、同じような特質を小学校の六年生のとき、関東から関西の小学校に転校してきた僕は「なんかみんなズケズケと馴れ馴れしくてイヤだなあ」と思ったのだった。その後、関西の文化に慣れたということもあって、今は好ましく思うのかもしれない。

ところで、こちらに来て雨が続いた日に、阪急西宮ガーデンズの託児所に息子を預けて、TOHOシネマズ西宮OSという映画館で、有川浩さん原作の映画「阪急電車」を観てしまった。映画館で映画を観たのは、相棒と結婚した当時にウディ・アレン監督の「アリ

るわけではないので、それはそれで仕方のないことなのかも。

ス」を観に行ったきりだったから、十五年ぶりだ。

有川浩さんの原作は幻冬舎刊。「パピルス」に連載していたときから読んでいたので、映画の内容もだいたい想像はできていた。しかし、まさか自分がその阪急今津線に乗って、宝塚から西宮北口まで行って映画を観ることになるとは思わなかった。

映画に出てくる場所も、既に足を運んでいる。宝塚ホテル、ガーデンフィールズ、逆瀬川、それから小林のイズミヤは部屋を借りてすぐにパジャマとカーテンを買いに行った場所だ。武庫川の鉄橋を渡る今津線も何度も見に行っている。武庫川中洲にあるあの「生」の字*は、消失したものが映画の公開に合わせて復元されていたのだが、それもここのところの大雨で水没を繰り返し、また角の取れたぼんやりしたものになってしまった。そうしたリアルタイムの経験が、人間ドラマよりも何よりも、阪急電車と町の風景を、僕に自分の身近にあるものとして感じさせてくれたのだ。映画を観ていてそんな体験をしたのは、商業映画では初めてのことかもしれない*。

映画「阪急電車」の地元人気は凄くて、今津線や宝塚線に乗っていると、中学生までもが映画の内容について話題にしている。関西学院の学生が「東京に行く機会があったんやけど、わざわざ東京でも観に行ってみたんや。けっこう混雑しとった」なんてことを言っていたのを聞いたこともある。どうなんや、それって郷土愛のなせる業なんか？　と突っ

＊武庫川中洲にあるあの「生」の字
小説『阪急電車』のオープニングにあり、映画「阪急電車」ではエンディングのタイトルロールなどに出てくる。石で詰まれた「生」という字のアートです。宝塚市在住の現代美術家、大野良平氏の手によるもの。二〇〇五年、阪神淡路大震災十年目の節目に「再生」の意味を込めて制作し、約一年半後に自然消滅したものが「初代」。有川浩さんがこの「初代」のことを小説に書き、小説の映画化が決まったことで二〇一〇年歳末に「二代目」を再現することになったそうです。映画のエンドロールに登場するのはその「二代目」。それも大雨で何度か水没し、僕の見たような状態になってしまった。その状況に対して、作者は東日本大震災で大変な時期だからこそ、前向きに復元を考えたいとコメントしたとのことである（二〇一一年五月一三日、神戸新聞記事より）。

込みたくなるのをガマンして聞いていた。

今回、映画を観なかった息子は、既に実際の鉄道の阪急電車にはトリコとも言えるのめりこみを示していて、耳が良いので、特徴的な「接近サイン音」とか「入線音」「発車サイン」などを口真似している。阪急電車固有の「××号線」という言い方もマスターしている。ちなみに、宝塚駅の正式な言い方は「宝塚　宝塚大劇場前」というアナウンスがされている。これもすっかりそらんじている。

「つぎは〜、しゅうてん、たからづかー、たからづかー。たからづかだいげきじょうまえ。ぴんぽーん、ぴんぽーん」

もう何年か経って、すっかりこの騒動も終わって戻っている頃。息子が映画というものを観られるような年頃となったとき、ぜひこの「阪急電車」の映画を観せてみたい。そのときはきっと、僕もいろいろな記憶を呼び起こされ、懐かしさとともに観ることになるんだろう。

＊商業映画では初めてのことかもしれない
　仲間内で作った自主映画とかは、まあすごい身近というかリアルなんだけどね。……ところで、商業映画に限って言えば、この秋にはもっと生々しいやつ（「ツレがうつになりまして。」の映画）が控えているんで、今はひたすらプレッシャーに耐えていると言えなくもないです。

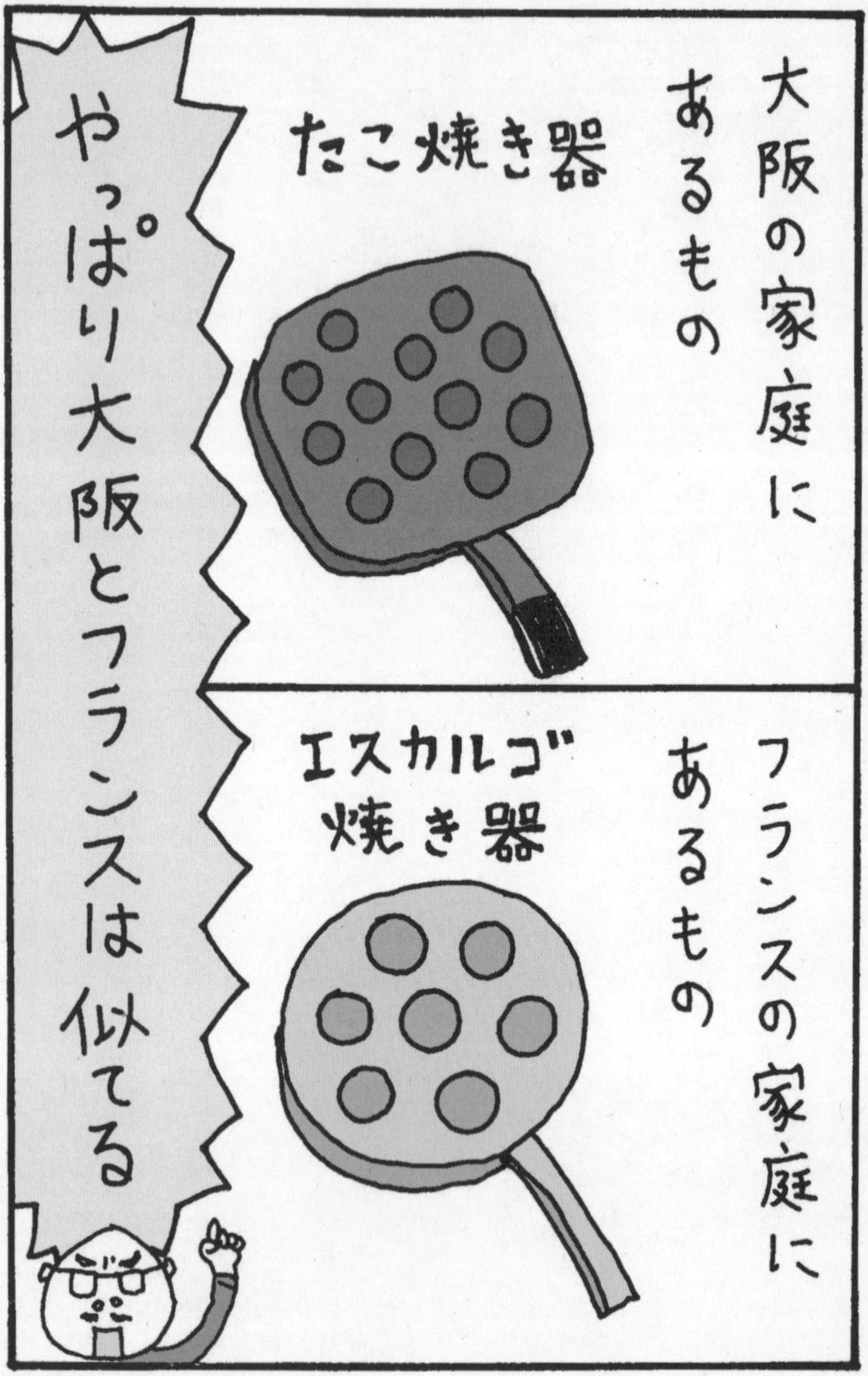
大阪の家庭にあるもの
たこ焼き器
フランスの家庭にあるもの
エスカルゴ焼き器
やっぱり大阪とフランスは似てる

息子に関西弁を教えている。

というか、息子に話しかけるときは極力関西弁を使うようにすることにした。

ここは兵庫県宝塚市。耳にする言葉は関西弁ばかりだ。つまり、周囲の人間が息子に話しかけるときや注意を促すときは関西弁なのだ。

三歳と四ヵ月の息子は、トコトコと危ないほうに走っていったりもする。そんなとき、周囲の大人は「ぼく、あかんよ」と言う。その「あかんよ」の意味を即座に理解する必要があるのだ。

と、そんな思惑もあるし、周囲に溶け込んで目立たなくなってしまいたいという気持ちもあって、僕はスンナリ関西弁の使用に切り替えてしまった。細かいことを言えば僕の関西弁は北摂津*の訛《なま》りであり、宝塚の関西弁は摂津と播磨*・神戸訛りのミックスなのだが、同じ阪急電車文化圏。違和感はないはずだ。

もっとも当惑しているのは、我が息子。突然パパが今まで喋っていた日本語とは微妙に違うアクセント、語尾、感嘆詞を口にし始めたのである。そして近所の人もそのように話している。

幼いときに外国に連れていかれた僕も、同じような世界観の揺らぎを体験しているわけだが、そうは言っても両親が家で日本語を話さなくなったわけではない。しかるに息子は、

＊北摂津
古い呼び方で「摂津」は今の大阪府あたりの地名。茨木市の隣に旧三島町であるところの「摂津市」という市もあるが、一般的に「北摂津」「北摂（ホクセツ）」というと、京都のすぐ隣の高槻市や茨木市から、僕がいた吹田市、豊中市、池田市あたりのことを言う。おっと、箕面市も忘れちゃいけないですね。豊中駅、池田駅、箕面への入り口の石橋駅はすべて阪急宝塚線の沿線であるので、兵庫県である宝塚も同じようなコトバを喋っているのである。ところで北摂と言えば大阪府だろうと思っていたのだが、宝塚市の西隣の兵庫県三田市は、ほとんど冠のように「北摂三田」とか「北摂三田ニュータウン」と称していて、この点からすると宝塚も立派に北摂津なのかも。

＊播磨
兵庫県の南西部。地名で言うと加古川とか姫路が中心。播州弁と分類される方言を話してい

パパと周囲の世界の日本語が変わってしまったのだ。

まだ生まれて三年余、コトバを喋るようになって一年少し。しかし標準語*で培われた彼のアクセント、語尾は今のところ頑固な抵抗を示している。

逆に言うと、コトバを獲得する能力の特徴であるところの、ある種の継続性にこだわっているわけである。毎日耳にする関西弁のイントネーションを口にすることは恥ずかしがってしない。

そんな様子を見ていると、自分もそうだったなと思う。コドモの頃の僕が、大阪にやってきたのは小学校六年生の夏休み。それから小学校を卒業するまでは、頑として関西弁を口にすることはなかった。中学校に入って最初の一年間のうちに、なんとなく周囲に合わせて関西弁を使うようになった。しかし、それがまたイジメられるんだな。どことなく不自然な響きだったんだろう。それが自然なものになり、心の中のセリフまで関西弁になり、スラスラと口に出てくるようになるにはさらに一年を費やした。十二歳過ぎの柔らかい頭をもってしても、関西弁の獲得は時間がかかったのである。

もちろんその頃の僕に比べて、うちの息子はさらに柔軟な頭を持っているはずだ。でも、既に彼の話している日本語は、関東地方の雰囲気を湛えている。そして、それにこだわっている。


る地域。ちなみに神戸訛も播州弁の東部版らしい。スタンダードな関西弁とけっこう違いの際立つところもあるんだけど、北摂津の訛でフツウに話される「わしのんじゃあ（自分のものです、のくだけた言い方）」「けったいな（奇妙な）」「ぎょうさん（たくさん）」などのようなコトバもたぶん播州起源。宝塚あたりで聞くことができる播州弁固有の言い方は「知っとう？」というものが耳についた。大阪ではあまり言わんなあ。

*標準語
何をもって標準語となすのか、実はなかなか難しいです。こちらの関東で喋っているコトバは、関東弁とでも言うべきものなのかもしれないが、東京で話される東京弁にしても、西の山手と東の下町ではけっこう違う。そして、厳密に言うとどちらも標準語ではない。にもかかわらず、東京の人は自分が話しているコトバを標準語だと思っている節もある。関東地方の若者の話し

彼の日本語は、まだ何を言っているのかわからないときもあるけど、話題は主に、電車のことと、テレビや絵本のことなどだ。

そんな息子だが、あたりまえだが、こちらに来て覚えた単語は関西訛りだ。駅名とか、路線名とか、食べ物の名前とか。そして執拗に繰り出される僕の関西弁の話しかけに、少しずつ感嘆詞が揺らぎ始めているかな。

「そうなんや〜」「ちゃうちゃう」の二つは、早くも口にし始めている。関西弁教育一ヵ月半ほどでの変化である。

これは、今まで「そうなんだ」「ちがう、ちがう」と言っていたのが関西化したのである。聞き取るほうでは「あかん」「まちや」「やめや」「行くで」「乗るで」「降りるで」「あほう」などの基本的な語彙に対応できるようになっている。いや、意味がわかっても従わないのは以前から変わりはないのだけど。

あと、こちらに来てから「ぼくぅ」という一人称を使うようになったが、これが微妙にこの土地の小さいコドモの使っているものに似ている。きっと電車の中で他のコドモが使っているのを見聞きしたんだろう。

日常に関西弁を用いるということでは、親である僕の心構えに大きな変化があった。


方には、横浜弁起源と言われる「××じゃん」のような特殊な語尾もあり、それらも含めて標準語とされることもある。だけど、千葉の若者が話す「△△だえー」とか「○○すっぺ」なんて言い方は、決して標準語扱いはされないだろう。多くの土着の方言くささを排除したところの関東弁を持って、標準語としているのかもしれない。もちろん穿って考えれば、関東弁ことアズマコトバは関西＝上方の話し方とは著しく違いがあり、その違いを際立たせるために「標準語」という呼び方が成り立っているのかも。

以前だったら、息子のわがままぶりに腹を立てたときなど「ふざけんな、何を言っているんだ。いいかげんにしろよ！」と陰険にネチネチと叱りつけていたものだが、関西弁になってからは「なんやて〜」の一言で決着がつく。「や」のところにアクセントを置いて、歌うように唱えるのがミソである。自分の気持ちもスッキリするし、息子の気持ちにもストンと響くようである。パパ、ちょっと怒ってるんだな、と。

コドモとコミュニケーションを取るにあたっては、標準語のような理性的なコトバよりも、地域に密接した「××弁」「○○訛り」のようなコトバのほうがパワーがあって気持ちを伝えやすいように思う。さらには赤の他人が聞いたときに不快な感じも少なくなる。僕は関東にいたときも、コドモに話しかけるときには、ときおり千葉や船橋の土着の訛りや、浦安のコトバを取り入れていた。相棒が話していた北埼玉の訛りもよく真似て使っていた。

北埼玉の訛りは関西弁と微妙に共通点があるのも面白い。「そうなん？」「××ん？」という聞き返しを使う。「○○だで〜」と「で」で終わる語尾を使うところも似ている。

北埼玉はソース文化で、てんぷらにソースをかけるところ*も関西と共通している。そんなわけで、相棒も関西に来ると怪しい関西弁を喋っているのだが、それがなかなか、にわか仕込みとは思えない堂々ぶりなのである。息子はますます混乱している。

*てんぷらにソースをかけるところ

関東地方ではてんぷらに醤油をかけて食べるか、てんつゆにつけて食べるかという二つの食べ方が点在しているのだが、唯一埼玉県だけは「関西と同じ」てんぷらにソースをかけるという文化が存在しています。相棒の地元、埼玉県行田市では「フライ」という、どこからどう見ても「お好み焼き」なコナモン（229ページ）が存在する。八百屋の店先でこれを食べさせてくれる。もう一つ「ゼリーフライ」というものもあるが、これは前述のフライとはまったく異なり、おからを銭型にして油で揚げたコロッケのようなものである。「ゼリー」は「銭」が訛ったんだそうだ。これは肉屋で売られている。やっぱりソースがよく似合う。

また一般論の話に戻るが、親がコドモを叱りつけていたり、強制や指示をしているときの大声は、しばしば標準語だと聞いているのがつらいようなものになる。電車の中などで、うちの息子のようなキカンボウがママに叱られているとする。標準語だと次のような叱られ方をしているだろう。

「××ちゃん、言うことを聞きなさい。座席に靴でのっちゃダメってあれほど言ったでしょ？　電車の席は他の人も座るのよ。前に約束したでしょ。ちゃんと靴を脱ぐって。聞いているの？　わかったならハイって答えなさい」

なんか、ちょっとピリピリしたものを感じる。お母さんもストレス溜まってませんか〜、と言いたくなるような。

それが、関西弁だとこうなる。

「××ちゃん、言うこと聞きや。席に靴でのったらあかんねんで。言うたやろ。電車の席は他の人も座りはるんや。約束したやろ。脱ぐ言うたら守らなあかんな。聞いとんの？　わかったら、ハイ言うて返事しや」

ぐっと柔らかな感じになる。お母ちゃん強いな逆らえないなー、と思う。でも、こんなふうに叱っていたら、これはこれでせわしないが……。

せわしいと言えば、関西でも最もせわしいのは、大阪市内のコトバ、通称「大阪弁*」であろう。僕は以前から、大阪人とフランス人がよく似ているなあと思っているのだが、その根拠は三つある。

その一、フランス人も大阪人もうまいものを食べている。値段が安くてもまずいものが存在しないと言ってよい。その二、フランス人も大阪人も歩行者用信号を守らない。その結果事故もあるわけなんだろうけど、車に威嚇されても手を振りながら歩いて行ってしまう。その三、フランス人はコドモが危険なほうに行くのを見ると「アタンデ！（待て）」と言うが、大阪人は「あかんで！（ダメだ）」と言う……。

僕は今回、大阪で「お好み焼き定食」というのを初めて食べた。お好み焼きがオカズで、それに味噌汁とゴハンと漬物がつく。お好み焼きは小麦粉と野菜と肉やベニショウガでできたソース味の「主食?」のようなものだが、これをオカズにして定食にすると、これまた立派に成立してしまうのだ。なんかちょっとショックだった。でも、美味しかった。

しかし偏食の息子は、お好み焼きには一切手をつけず、ゴハンを少し口にしただけだった。どこに行ってもマイペースである。それはそれで大したもんだ。

＊大阪弁
関西弁の中でも特異な存在でありながら、しかし無視することのできない強いインパクトと流れるような雄弁さを持つ方言。東京で言うと「ひ」と「し」の区別ができない江戸っ子下町コトバに匹敵するものでしょうか。実際には完璧な大阪弁を話す人はどんどん減ってきているようにも思う。でも、通天閣の売店とかに行くと観光用かもしれないがイメージ通りの大阪弁で喋ってはるしなあ。「あんじょう」とか「おます」とか「さかい」とか、大阪市内から離れると全然聞くことのできない語彙も飛び交っている。そして「ありがとう」のことを「おおきに」と言う。大阪弁と関西弁をごっちゃにする関東の人もいるが、大阪弁は関西弁の中のやや特殊な（美しい）コトバだと思う。

息子はマイペースに関東訛りを喋り、マイペースにお菓子を食べ、関西弁やソース味のコナモン*などはあまり口にしないでいる。それはそれでいいと思う。郷に入ったら郷に従えという箴言《しんげん》もあるが、ゆっくり自分のペースでできれば良いのだ。息子は大好きな電車や、新しい部屋での遊び、テレビの視聴などを通じて、関西になじみつつあるようだ。

実は関西在住一ヵ月半の節目で、名古屋でテレビ出演の収録*があったのをきっかけに、いったん首都圏に戻り、一週間ほど滞在していたのだが、その間の首都圏での滞在場所の居心地があまり良くなかったこともあって、息子は毎日のように、

「たからづかの、おうちに、かえりたい」

と主張していた。最近、震災絡みの話で、よく避難先から故郷に帰りたいとコドモが嘆くという話は聞くのだが、うちの場合は関西の印象が良すぎたのか、パパも生き生きしてしまったのが伝わったのか、逆転してしまった様子である。

首都圏での些事《さじ》を無事に済ませ、また新幹線で関西にやってきた。息子は武庫川を渡っていく阪急今津線を見るなり、

「よかったー、はんきゅうでんしゃ。うれしいね〜。ガタンゴトン」

と満面の笑顔で喜びをあらわにしていた。宝塚のおうちでは、こちらで買ったプラレー

*コナモン
漢字で書くと「粉物」ということでしょう。小麦粉で作る食べ物を総称しているが、主にソース味であるところの「タコ焼き」「お好み焼き」「一銭洋食」「かしみん焼き」「キャベツ（野菜）焼き」などのことを指すんだと思う。しかし「明石焼き」「カステラ」「ホットケーキ」「ドーナッツ」「鯛焼き」「人形焼き」「サーターアンダギー」「クレープ」なども確実に含むようだし、「てんぷら」「うどん」「きんつば」「すいとん」まででもをコナモンに含むという定義をする人もいる。文例としては「コナモンばっかり食うとるから力でえへん」（ゴハン炊いてちゃんとした食事をしていない）というような否定的な言い回ししか思いつかん。息子に「ちーと君はポケモン（ポケットモンスター）が好きなんやな。パパはコナモンが好きや」と語りかけたら「コナモンはきらい」と答えられてしまった。

*名古屋でテレビ出演の収録

ルが一式、息子の帰りを待っていた。

まだしばらく、関西にお世話になります。

このときはNHKEテレの「めざせ!会社の星」という番組に相棒と僕が出演するため、名古屋で途中下車して対応した。というか、元々移動する日に収録があると言われたので、出演を引き受けたら、移動の新幹線代を出してくれたのだった。グリーン車まで取ってもらって、生まれて初めて新幹線のグリーン車に乗れて、それはとても嬉しかったのだが、しかし新幹線のグリーン車の座席は、座席と座席の間の仕切りが外せないので、コドモを座らせる場所を確保できなくてちょっと難儀した。周囲の人たちからも「コドモをグリーン車に乗せるなんて」というような目で見られてしまったり。小学生以下のコドモを連れて移動するときはグリーン車は×。

実は
私・・・・
息子と一緒にいて
「キーッ!!」てなったこと
あまりないんです・・・
これ なんに みえる?
キーっとなるほど
2人きりになった
ことないのだ

「がたーん、ごとーん、がたんごとん……」

今日も息子の、電車になりきり効果音から一日が始まる。

宝塚の部屋を借りてしまい、そこが以前の部屋と比べて空間が余っているもので、つい「プラレール」なるオモチャを一式揃えてしまった。そしてJR福知山線や、阪急電車9000系*などご当地列車も買い求めてしまった。それで部屋は電車ワールドと化しているのだ。

六月になって相棒もこちらに長期滞在するようになったのだが、五月末から梅雨に突入してしまい、どうも天気が良くない日が続く。保育園に行かない息子は、僕が連れ出さなければずっと部屋の中で遊んでいる。

テレビも見せる。お気に入りの「ぶらり途中下車の旅」は、関西では衛星デジタル（BS日テレ）での再放送分しか見ることができない。もっとも震災以後、テレビは録画を中心に見せるようになってしまったので、コドモ向けケーブルテレビ局の放映*を録画したものや、電車ものを見せている。ブルーレイ・ディスク一枚に三十時間。それを十枚近く、膨大な量を持ってきているので、少々のことではネタは尽きないが、気に入った同じものを見たがったりもする。

一人遊びとテレビに飽きると、僕があれこれ構ってやらなければならない。ベランダを

*阪急電車9000系
車両全体がアズキ色（阪急マルーン、つまり栗色という説もある）に塗られていて、見た目どれも同じ阪急電鉄の電車なのだが、いちおうその最新式のもの。京都線と神戸線の特急に主に使われている。よく見ると車両の上部が白かったりして、それまでの既存の型式と少し異なるところもあったりする。

*ケーブルテレビ局の放映
アニマックス、キッズステーション、ディズニー・チャンネルなどである。当初は「アンパンマン」「銀河鉄道999」「きかんしゃトーマスとなかまたち」を録画して見せていたが、次第に「宇宙海賊キャプテン・ハーロック」「アルプスの少女ハイジ」「未来少年コナン」「キヨロちゃん」「ポケットモンスター（シリーズ）」「マドレーヌ」「チェブラーシカ」「カルルと不思議な塔」なども録画して見せるようになった。僕の好きな手塚治虫先生のアニメ「ジャ

一緒に歩いたり、連れてきたカメを観察したり、絵本はわざと関西弁のイントネーションで読んでやったりもする。

そして、だんだん僕のほうが煮詰まってくる。コドモの相手はけっこう疲れるのだ。


それでも今は、仕事場に閉じこもっているとはいえ相棒もいるから良いのだが、これが五月末頃はちょっと参った。一週間置きに相棒が首都圏に戻ってしまい、その都度、七日から八日の間、日々息子と二人きりで生活していたのだ。

もちろん当初は天気の良い日も多かったので、それまでの延長であちこち電車に乗りに行っていた。電車に乗っていると、そこは社会との接点になる。ほとんどコミュニケーションをとらないとはいえ、近くに見知らぬ他人がいて、会話も聞こえたりする。僕も大人の頭で考え、大人の判断力をたびたび使う必要にかられる。電車に乗っていれば、息子はゴキゲンだし、僕も「ちゃんとした大人」に戻れるのだ。

ところが、二、三日雨が続いたときがあって、それも激しいものだったので、ほとんど外出ができなかった。買い物だけは近場のコンビニで済ませたのだが、とても駅まで行く余裕もなかった。たまたま相棒も首都圏で忙しく、メールや電話での連絡もほとんど取れなかった。


ングル大帝」や「リボンの騎士」も録画して見せてみたんだけど、どうも夢中になってくれないようだ。

僕は寝て起きて息子の相手をし続け、食事の支度をして後片付けと掃除をし、夜になれば風呂に入れて体を洗ってやって寝かしつける。その他に適宜オムツの交換など。……それだけをやり続けて、そしてわずか三日で煮詰まりきってしまったのである。煮魚だったら飴状の黒い煮汁が焦げ付いている状態のような感じだろうか。

閉じこもり三日目の晩、これもたぶん雨の夜だったと記憶しているけど、主に残り物で作った食事を、あいかわらず息子が拒否し、食事中にプイッと席を立って電車のオモチャで遊び出したときに切れてしまった。僕は息子の顔をひっぱたいた。

息子は大泣きし、反撃してきた。両手で僕の肩をポカポカ叩いてきた。

僕は鬼のような気持ちになって、ガシャガシャと息子のプラレールを蹴散らし、それからガーガーと息子にまくしたてた。もちろん関西弁。

「なんでそないなん？　なんで、なんもでけへんくせに、なんでも自分の思い通りにしたいん？　なにがわるいんや？……ああ、親の育て方がわるいんやろうな。わしらやわしら。アホな育て方してもうた。ほんま、後悔しとるよ。そんな能力もないくせにコドモ作ってもた。だーい失敗や。ちょっとうぬぼれとったんや。なんとか生活回るようになったからって、コドモの一人くらい育てられると思たんや。でも、全然あかんかってん。思いあがりやってん。わしらアホや。アホがアホのコドモ背負い込んでしもた。もうどないもならん。大グソったれのケチョンケチョンや。うわあああ」

息子は首をすくめて萎縮していた。……もちろん、ここは笑うところではない。ちょっと滑稽《こっけい》だけど。

僕も自分の親に、一度や二度ならず言われたことがある。

「こんなコドモ、うちの子じゃない」って。

だけど、「産まなきゃ良かった*」的なことは言われてない。僕は男だから「産まなきゃ良かった」という言葉は吐かなかったが、これがつまりそれだろう。

「おまえなんか産まなきゃよかった」に匹敵する拒否のコトバを、息子にぶつけて怒ったのである。大人気ないといえばそうだけど、ずっとコドモに付き合わされて、半分コドモ、半分大人のような状態なのである。というか、対コドモでコミュニケーションしている限り、大人には戻ってない。だから、三歳の息子相手に切れたんや。

息子のほうからすれば、突然知らないところに連れて来られ、そこで閉じこもった生活をしていて、それで最も信頼している父親にそんなことを言われたらさぞかしショックだろう。だけど、煮詰まっている僕には息子の立場を慮《おもんぱか》ってやる、そこまでの余裕がない(なんか息子が言うことを聞かないし、日々ガマンしているけど、もうどうにもガマンができひん。許せん。こちらが言っていることも無視するし……)。

*産まなきゃ良かった
親としてはゼッタイに言ってはいけないセリフです。反省。コドモというのは、必ず親が望んだから生まれてきているのだ。親がひとつも望んでいないのに生まれてきたコドモはいない。にもかかわらず、親は目先の労苦に振り回されて「おまえさえいなければ」とか「産まなきゃよかった」とか言ってしまいがち。何がなんだかわからずこの世に生まれてきて、格闘しているコドモにとっては、唯一頼れる親にそんなことを言われたら世界全体から拒絶されたようなショックを受けるというもの。しかし、それでもそういうセリフを吐いてしまう。それもまた親。仏陀はそういうものを「業」と呼んだのだったか。

というような心境になってしまい、本心ではないがどこか心の底に溜まっている暗いものをコトバにして、わーわーと吐き出してぶつけてしまったのである。

さいわい、息子にはまだこの呪詛《じゅそ》のコトバを正確に理解してダメージを受けるだけの能力は備わっていなかったと思うんだけど、それは心のどこかで記憶していて、将来傷として意識されるものになってしまうのかも。

その日の夜は、息子を寝かしつけても自分はなかなか寝られなかった。

それでそのときの気持ちを、日記に書き綴った。書きながら思った。

「孤育て」と称される造語がある。「孤独な、子育て」の意味だろうか。夫婦とコドモだけの家族で、父親が仕事を理由に家庭を空けることが多くなり、母親がたった一人の努力でコドモを育てなければならないときに陥るという状況だ。今の僕は離れた土地にふらりとやってきて、すぐに会える友人知人もいない。これって、新婚で新居に移り、間を置かず母親になった人の場合とちょうど同じようなものだろう。対コドモだけで時間を過ごし、家事をきちんとやっていると、それはそれで一日が過ぎていく。むしろ時間は足りないくらいだ。自分のことなど何もできず、服を買うことや本を読むことなども後回しになっているくらいだから。

時間が足りないのみならず、コドモの相手でコドモ的に自信がなく不安になってしまった頭が、大人に戻れないというのが良くないんである。

かくして、名探偵コナン君*のちょうど逆の「体は大人、心はコドモ」みたいな状況で、自分のコドモと精神的なバトルをやらかすことになる。またコドモってやつが、実に巧みに親の弱点をついてくるのだ。弱いところばかり狙って、ひたすら先のとがったものでチクチク突き攻撃をかましてくるような。

あるいは、コドモというやつは、自分のパートナーが持っている部分、自分にはちょっと理解できないところを遺伝的に受け継いでいたりして、それがむき出しで主張されているので、これまた苛立つのである。

僕は、自分自身のことを理知的で冷静で老獪《ろうかい》なくらいだと思っていた。そんな僕が、自分のコドモと一対一で対峙《たいじ》していると、途方もなく振り回されるのである。気持ちがすっかりコドモになって、走り回るコドモを追い回し「やめや、やめい言うたがや〜」なんて叫んでいるのである。

相棒と交互で息子を叱り、ときどき相棒と仕事や世情についての話をしたりしていればバランスは保てるのだが、一人でずっとコドモと向き合っていると全然ダメだ。しまいに

*名探偵コナン君
名探偵コナン。青山剛昌氏の手による漫画作品。1994年より「週刊少年サンデー」に連載され、現在も継続中。細かい経緯は省略するが、「見た目はコドモ、頭脳は大人」の少年探偵江戸川コナン君が主人公なのである。テレビアニメにもなった。アニメのほうが原作よりもさらにかっこいい。うちの息子が見たがったので、一度見せたことがあるのだが、人が殺されるシーンとか血が飛び散るシーンがあって、こりゃまずいやと思ったのだった。面白いんだけどね。日本以外では放映するのは難しいのではないでしょうか。

自分の気持ちの持って行きようのなさ、追い込まれた腹いせに息子をひっぱたいている。それは虐待と呼ぶべきものかもしれない。

コドモは、一人の人間だが、一人の親だけで育てるのは本当に難しい。親二人、祖父母四人、その他の親戚、親戚以上に近所の知り合い、友人、たくさんの大人が関わって育てて行くのが望ましいんだと思う。というか、そうしなければ責任者たるファーストパーソンは必ず行き詰まる。

うちの息子も、昨年から週三日の保育園通いを果たしていた。順調に、家庭から世界を広げていた。今年は平日に週五日の保育園通いをして、社会との関わりを通して育てて行く予定だった。だけど想像もつかない出来事が起こり、想像もつかない展開をして、今ではときどき僕がたった一人で息子の相手をし続けなければならない。僕は、なるべく自分が行き詰まらないように努力しているけど、あんまり不測の事態が続くものだから、ここに来て子育て初心者が陥るようなドツボにはまってしまったんだ。

その壁も、なんとか乗り越えつつあるんだけど……。

パパ どうして お仕事 いかないの？
少し大きくなった 息子 ←
それはね パパは だから だよ

相棒の仕事の合間を縫って、岡山、倉敷に小旅行としゃれ込んだ。

といっても、三歳児、偏食の息子連れであるから、優雅なものではない。案の定、息子は500系新幹線*と路面電車*に興奮したのか、エアコンに負けたのか、宿泊先に着くなり下痢になってしまった。持参した紙オムツを使い切ったので、慌ててコンビニに紙オムツを買いに行く。ついでに食事もコンビニで調達する。観光地は、幼児という野獣を伴って出入りできるような安易な施設が見当たらない。

おまけに、梅雨のさ中であるはずなのに、快晴になってしまった。時節はちょうど夏至。陽射しの照りつける場所にいると、暑い風呂に入っているようだ。息子はすぐグッタリしてしまう。

まあ、幼児連れの旅行だ。何もできないくらいでちょうどいい。

今回の目的は、僕個人の思いいれで、倉敷の「アイビースクエア」に宿泊することだった。倉敷の紡績工場跡地に建てられた、由緒正しい観光ホテルだ。

どうしてここに宿泊したかったのかというと、僕が大学生時代に当地を旅行して、そのときは安価なユースホステルをハシゴして回っていたのだが「このアイビースクエアという高そうなホテルに泊まってみたい。社会人になったらきっと泊まりに来よう」と思ったことがあったからだ。

*500系新幹線
新幹線500系電車。JR西日本が開発した新幹線用車両。先がするどく尖っていて、車体も円筒形だったり、速度を出すための工夫に満ちている。実際、新幹線車両の中では最も速度を出す性能が高いとされている。しかし、他の型式の車両とのドア位置の違いや、「のぞみ」と言えども、そこまでの性能が必要とされていないなどの事情により、現在は持て余された存在になり、新大阪以西の「こだま」で使われているのみとなっている。でも、カッコいいのでコドモたちには人気がある。鉄オタたちにも人気がある。

*路面電車
正式名称は岡山電気軌道。そう覚えて現地に行ったら、どこにも「路面電車」としか書かれていなくて拍子抜けした。終着の一つである「東山」に行くと本社があって、そこにはちゃんと「岡山電気軌道」と書かれていた。著名なデザイナーがデザインした車両や、猫のキャラク

実際は社会人になったら、多忙だったり、フラフラしていたり、健康を害したり、余裕が全然なかったりで、ちっとも泊まりに来ることができなかった。

それから二十年以上経つ。僕は大学生時代の執念を、やっと果たすことになったのだ。

と、そんなことを考えていたら、このエッセイの担当編集者、幻冬舎の竹村さんからメールが来た。「アイビースクエアは、私が社会人一年目の初めての出張で泊まったホテルです」と書いてあった。なんか、なんだかとても負けた気がした。

ところで、社会人って何だろう？　学校を卒業して、稼ぎを得るようになると社会人。一般的にはそんな感じがする。でも、今は学校を卒業しても、稼ぎがすぐに得られるとは限らない。あるいは僕のように、また別の学校に戻ってしまうような輩もいる。社会的な活動をしても、生活できるだけ収入が得られなかったりもする。そのあたりはだんだん複雑化していると思う。だけど、ざっくりと大まかに考えると「教育機関や先達から教わっているという段階が終わり、自分の責任で社会に関わり、役に立つ」ようになると社会人なのではないかな。だとすると、今の僕は自分の力では稼いでいないが、まあ社会人と言えるんだろう。

ターが描かれた車両なども走っていた。猫の電車は通称「たま電」……。同じ電気軌道で有名だった東急玉川線の愛称にひっかけているんだろうなあ。

竹村さんからのメールには続きがあった。「今度の本のタイトル（このエッセイをまとめたものだ）は『パパ、どうしてお仕事いかないの？』は如何《いかが》でしょう？」と書いてあった。

僕はちょっとガーンとなった。

僕が提案していた題名は『僕こそイクメンジャー』だったのだ。

どうしてそういう題名がいいのかと思ったのかというと、前回の本の「あとがき」で、「厚労省が頑張ってイクメンなる概念をプッシュしているのだが、なんか尻すぼみになっているのではないか」と書いたのだが、思いの外「イクメン」は健闘しているようにも思えたからだ。

そして、新聞や広報などでイクメンの特集が組まれるようにもなった。僕は厚かましいとは思いながら、「あの、イクメンの特集を組まれるのなら、僕の本なども取り上げていただけないでしょうか？」と人づてに売り込みをかけてみたりもしたのだ。

ところが、新聞社とかお役所とかそういうところの担当の方は、僕の立場や経歴を見て、「あなたはちょっと……」とやんわりと断ってくることが多かった。そして、よく聞いてみると、彼らの考えている「イクメン」にはもっと具体的なイメージがあるらしかった。

彼らの考えている「イクメン」とはこういうものだ。

「夫婦共働きの勤め人で、最初のコドモのときは奥さんが育児休暇を取得したが、二番目、三番目のコドモのときに奥さんのキャリア形成を助けるために、夫が進んで育児休暇を取り、育児に数ヵ月専念することになった人」

うーん、なるほどとは思う。しかしずいぶんキュウクツな感じもする。確かに、そういうイメージを念頭に置いているのだとすると、我が家は自営業のような形態だし、僕は専業主夫的な存在だし、コドモは一人しかいない。そういうのって楽だし誰でもできる、と言われてしまったような気がした。

僕ってイクメン失格なの？　という、以前見下げた発言をしてしまった「イクメン」に対するこだわりが発揮されたのが、いや、僕こそ育てる男、イクメン。『僕こそイクメンジャー』という叫びとなったのだ。ちょっと戦隊ヒーローみたいなところも、カッコいい。

しかし、叫びはあっさりと竹村さんに無視されてしまった。そして代わりに提案されたのが、前述の、そしてたぶん実際に本になるであろう『パパ、どうしてお仕事いかないの？』という題名だったのだ。

うちの息子は三歳児だから、まだそういう質問はしない。

しかし、将来的にはそういう質問をするということも考えられる。その場合の答えは用意している。というか、パパの立場については我が家の存在意義とも関わってくるわけだ。説明用の教材も溢れている。『ツレがうつになりまして。』という本、そのドラマ、その映画、そして僕の書いた本。

「パパはお仕事に行ってたけど、病気になって、会社をやめて、その代わりにハハがお仕事をするようになったんだよ。そして、パパが家事や家のことをするようになったんだよ」

とても説得力のある教材がいっぱいだ。それを読んで見て育ったのに、そんな質問するなんて、あんた誰や?

いや、しかし、やっぱり息子は言うかもしれない。保育園か幼稚園か学校で、他のコドモからの質問にうまく答えられなくて。

「パパ、パパはどうしてお仕事に行かないの? 他のうちではパパもママも仕事に行くよ。ママが仕事に行かないうちでも、パパは必ず行くよ。でもうちでは、どうしてパパだけお仕事していないの?」

いや、お仕事してないわけじゃないんだよ。パパのしている家事や家のことだって立派な仕事なんだよ。そして、男の人がそうすることは珍しいから、そのことを本に書いたりもしてるんだよ。全部お仕事なんだよ。

……どうも汗をかきながら言い訳しているように聞こえる。息子よ、それで納得するか？　他のコドモに「うちのパパはお料理したりカメの水かえたり、デッキブラシでベランダこすったり、そういうのがお仕事なんだって。それでそのことを本にも書いていて、それもお仕事なんだって」と言えばいい。

それでも、またまた息子は言うかもしれない。僕もそうだったんだけど、学校に毎日通うようになって、学校に行くことがイヤでイヤで仕方なくなって。

「パパ、パパはどうしてお仕事行かないの？　ボク毎日学校に行くのイヤだよ。他のうちのパパは、学校に比べたら仕事のほうがタイヘンなんだから学校に行け、って言う資格があるかもしれないけど、パパはお仕事行ってないんでしょ？　だからボクに毎日学校に行けっていう資格はないはずだよ」

資格、と来たか。だいぶ知恵づいてきたな我が息子よ。

うーん、パパはね。パパは学校には毎日通ったんだ。イヤだったけど通った。お仕事だって毎日通っていた。楽しかったけどイヤにもなった。病気にもなった。それでパパ、毎日通って仕事するのが向いていないってわかったから、今はそうしていないんだ。もちろん、学校だって毎日通うのはタイヘンで、向いていない人もいるかもしれない。でも、みんながそうしているんだからガマンして行ってみなさい。山登りはタイヘンだけど、タイヘンさを乗り越えてこそ、山頂のすがすがしさがあるんだ。

……説得力がなくなってきた。パパちょっと苦しいぞ。

そして、反抗期ともなると息子はさらにたたみかけるかもしれない。

「パパ、パパって特殊だよね。運が良かったんだよ。だけど、誰でもそういうわけじゃないよ。自分で思わなかったの？　どうして仕事行かなくていいんだろう、って。フツウ気づくよな。まあ、誰でも真似できることじゃないよな。僕の生き方の参考にはならないね」

む、ムカッ。まあ親の生き方を否定した宣言を叩きつけるというのは、成長のあかしとも言うべきで、僕は必ずそういうことを言われるんだろう、と思う。

少し将来の息子、遠い将来の息子、大人になる手前の息子をイメージして、息子が問いかけるコトバは、実は僕の心の中の疑問でもある。

「パパはみんながやってることを選んでやってることが多いのに、どうしてお仕事のことだけ、みんながやるようにやっていないの？　できないの？　しないの？　怠けているの？　楽だからそうしているの？　こだわりがあるからそうしているの？　なんとなくそうしているの？　お勤めに出ていないと不便だったりカッコ悪かったりすることもあるけど、それでもそうしているの？」

本当に、どうしてそうしているんだろう。当初は「できなかった」からスタートしている。でも、今は「しない」だ。「怠けている」かどうかはわからない。自分に合っているせいか、楽だと思う。でも突っ張っているぶんは確かに楽ではない。相棒に社会的活動に専念してもらうほうが効率がいいという合理的な理由はあるが、でもなんとなくそうなってしまったところもある。不便だったりカッコ悪かったりすることもある。でも不便でカッコ悪いのが自分らしいと思ったりもする。

そして、そういうのが自分と社会との関わり。そういう社会人になってしまった僕の人生、と言うべきかもしれない。今の自分を肯定することはできる。疑問に思うことも、できる。そして、日々選び続けている。

青春18きっぷ*を利用して鈍行旅行をし、ユースホステルの連泊しつつ、美観地区に立ち寄って、倉敷アイビースクエアの中庭で持ち込んだ缶ジュースを飲みながら「お金持ちそうな人がいっぱいいる。宿泊客だな。お金かかるんだろうなあ。僕も社会人になったら、バリバリバリと稼いで、好きなことをしてみたい。新幹線に乗ったり、アイビースクエアにも

＊青春18きっぷ
　僕が大学生になった頃から出回り始めた、普通列車に一日乗り放題になるというJRの特殊な切符。使用する時期が限定されていて、春休み、夏休み、冬休みの時期のみとなる。五枚綴りで一万円。一枚あたり二千円ということになる。大垣行きの夜行列車に乗って関西に向かい、名古屋、大阪、姫路で途中下車してフラフラし、岡山に着くのは夕方だった。ところでこの切符、まだあるらしい。使ってみたい。青春でなくても18歳でなくても、全然問題なく使えるらしい。今は瀬戸大橋があるから、関西からフラッと四国にも行ける。

ぜひ泊まってみたい」と思っていた二十一歳の僕。当時の新聞を賑わしていたのは、日航ジャンボ機の墜落事故であったり、ソ連のペレストロイカであったりした。消費税はまだ導入されていなくて、千円冊の券面は夏目漱石だった。景気はよくて就職が難しいなんて考えたこともなく、パソコンよりはファミコンに夢中な大学生。

二十一歳という年齢は、数字の差し引きだけで考えれば、今の僕よりも息子の年齢のほうが近いくらいだ。僕はどんな社会人になりたかったのだろう？

今となっては記憶が茫漠《ぼうばく》として思い出せないが、僕の目標はたぶん「倉敷アイビースクエアに泊まれるような社会人」だったのだ。だったら、いいじゃないか。二十五年ぶりに、僕はその思いを果たしたのだから。

その㉚ 世界は想像もつかない プレゼントを用意している

プレゼントといえば
2011年秋ツレと私とイグのことが
映画になります
ツレがうつになりまして。
人生最大のプレゼントかも….

僕は今も川沿いの町で暮らしている。でも、その川は以前とは異なる川だ。以前の川はゆったりと海に注いでいく川だったが、今は山からようやく平地に流れ出したばかりの荒々しい川*だ。

息子は三歳六ヵ月になった。現住所とは異なる土地で暮らしている「避難生活」ゆえ、自治体の設定している健診などは受けられない。しかし、それも仕方がない。オムツはまだ取れない。偏食もひどい。そしてやっぱり同世代のコドモと比べると著しく小型だ。目下の体重十一キロ弱。たぶん三歳児健診というやつに行ったとすると、またしても「発達に問題あり」とマークされてしまう気がする。

でも、もうそんな健診はあてにしない。パパは悟ったのだ。僕の息子は僕が守らなければならない。他のコと比較してもしょうがない。

育児、子育てを始めて三年半。もう本当にいろいろなことがあった。コドモという新しい闖入者。彼は最初は、いささか手に余るペットのような存在として我が家に入り込んできた。いささか手に余るペットなら、僕らは十分経験を積んでいる。グリーンイグアナのイグちゃんだ。イグちゃんは、最初はそれこそ、植物だか小鳥くらいの存在感で我が家に

*荒々しい川
　武庫川、という川です。三田盆地から山沿いを荒々しい印象で流れてきて、宝塚に出るあたりで山岳モードから平地モードに変わる。しかし川には岩がゴロゴロしているし、水量もしょっちゅう変わる。雨が降ると激流になる。もう一本、武庫川に注いでいる塩谷川という小さな川があり、それが新しい僕たちの部屋の前を流れている。涼しげな音を立てているが、これも雨が降るとすごい音になる。雨がやんでもわからない。

入り込んできたが、体調一メートル以上に成長してしまい、閉じ込められるのはイヤだと主張して本棚の上に陣取り、それからは家族の一員となっていた。

人間のコドモは最初からイグちゃんと同等か、それ以上の存在を誇示して登場した。ミルクを飲ませろ、オムツを替えろ、暑い、寒い、寂しい、不安だ……。ことあるごとに泣き叫び、ケアを要求した。顔をしわくちゃにして、真っ赤を通り越して赤紫色に変色して、全身の力を使って泣き叫ぶ。その物凄いパワーに、さしものイグちゃんもビックリして逃げ出した。僕と相棒はお互いの力を振り絞って、その異邦人を育て続けた。

三ヵ月もすると首が座り、嬉しそうに笑ったりもする。気分の良い悪いがこちらにも手に取るようにわかってきて、愛着もひとしおだ。六ヵ月するとゴロゴロと移動し始める。その頃には相棒も仕事に復帰して、僕がコドモの世話をするというペースが確立されていた。僕が育児エッセイの仕事を引き受けて、この今現在の報告につらなる「コドモ大人化プロジェクト」の連載を始めたのもその頃になる。コドモはやがて這い、立ち上がり、離乳食を食べ、小さな人間として振る舞い始めた。「こっかい」とか「かっこう」とか、大人の真似をして口を動かして発声し、やがて物に名前があることに気づく。そしてイグアナのイグちゃんを「ちんた」と呼んでいた。それに影響されて、僕たち夫婦までイグちゃんのことを「ちんた」と呼んだりもした。二人だけで暮らしていたら存在しなかった変化が、コドモによってもたらされてきたのだ。

コドモはどんどん成長し、僕らだけでなく周囲の大人やコドモを巻き込み始め、僕の両親や相棒の両親に溺愛され、近所のお年寄りに可愛がられ、商店街を我が物として遊び、「つどいの広場」等に出かけてはトモダチを作る。僕らもママ友、パパ友を作り、保育園に打診をして一時預かりを頼んだり、いろいろ社会的な行動もした。僕らのコドモは社交的だったから、すぐに家の中では収まりつかない存在になってしまった。地域社会に密着して、地域に愛されるコドモに育ちつつあった。どちらかというと、近所とは没交渉になりがちな夫婦二人世帯をずっとやっていて、さらに風変わりなペット*まで囲い込んでいた僕たちからすると、息子によって開かれていった世界は未知のものだった。未知のものだったけど、それを楽しむこともできた。コドモと一緒に僕らも成長しつつあったのかも。

それを震災がぶち壊した……という文脈で語ると、なるほどもっともらしい展開になるかもしれない。息子は保育園に行かなくなった。そして住めなくなってしまった自宅を後に、僕らは関西に安全な仮住まいを求めた。しかし仕事をはじめ人間関係の拠点は今までの場所にある。だから住民票も移さず、月に一週間は戻ってくる。ちょっと宙ぶらりんの

*風変わりなペット
グリーンイグアナのイグちゃんと、お嫁さんのまぐちゃんまで迎えてトカゲ二匹。他にカメが最大六匹。さらに魚やエビ、カエルなど。息子を迎えたときは大所帯だった。息子が二歳の誕生日を迎えてすぐに、グリーンイグアナのイグちゃんが亡くなってしまった。それから半年後にまぐちゃんも亡くなってしまった。カエルは知人に預け、今はカメ三匹。ヌマガメは宝塚に移動して定住（ときどき断食）。リクガメは僕たちと行動を共にして新幹線に乗せている。エビは浦安に残した。

生活だ。ほとんどの時間、息子は保育者である僕と二人で過ごす。電車に乗って寺社や動植物園、里山を訪れることも多い。二人きりでテレビばかり見て煮詰まってしまうこともときどきある。しかし、以前の延長での成長ではないものの、息子と僕たちの世界は違った形で広がったんだと思う。

親である僕自身の育ちもそうだった。一つの地域に密着して、そこで愛されて育って行ったのではなかった。あちこちと転居し、異なる価値観の場所に身を置き、以前の習慣を持ち込んで転居先の人たちに驚かれるようなことをしたりもした。そして、いろいろな価値観を自分のものとして、行く場所行く場所で愛される存在になり、育ったのだった。今という時代は、人の移動も大きい。今回のように天災や人災、破壊や危険といったもので動くこともあるし、グローバリゼーションや経済といった目に見えないものの圧力で動くこともある。自分自身が動くこともあれば、周囲の人が動いたり、よそから移ってきた人が隣人となることもある。そんな時代であるならば、一つの地域に留まらずに、他の場所にも行ってみることや、他の場所の価値観を自分のものとすることも、現代に必要な能力を増やすことになるのかもしれない。今回のことで、僕はそう思い、自分の中にそうした潜在力を眠らせていたことに気づいたのだった。

自分ではすっかり忘れていたし、二度と話すことはないと思った関西弁が、わずか一週間の滞在でスラスラと口をついて出てきたとき、僕はビックリした。こんな調子だとフランス語や英語でも数ヵ月もすれば、そこそこ話せるようになるかもしれない。いや、そんな日が来ないほうが望ましいのだが。僕が自分自身では負い目と捉《とら》えていた育ちの問題は、状況が変わるとある種の「タメ」にもなり得るのだ。そのことがわかっただけでも心強い気がした。

震災前から、息子が僕らに強い影響を与えていたものが「鉄道好き」である。息子はまだ「オタク」と呼ぶにはどうかというような年齢なので、単に「鉄道好き」とここでは言っておくが、このまま成長すれば「鉄オタ」と呼ばれるような趣味志向には違いあるまい。どうしてそうなんだか親の僕たちはさっぱりわからないが、息子が面白がっているのを見ていて、僕たちもおぼろげながら、「鉄道が好きで胸がキュッとなるような気持ち」を想像し、共感できるようになりつつあった。相棒などは率先して「鉄道ファン」*なる雑誌などを買い求め、字の読めない息子に要求されて「×××式○○、△△系+十番台」などと音読している始末だ。この鉄道好きに触発されて、少しずつ暇を見て首都圏近郊の変わった列車などに息子を乗せて回っていたのだが、これが震災以後の行動を大きく左右し

＊「鉄道ファン」
交友社から出ている鉄道マニア雑誌。写真が多く比較的とっつきやすい。同じような雑誌で成美堂出版から出ている「鉄道ジャーナル」というのもあるが、こちらのほうがマニア度が高いとされる。

それは、大きな災害を目の当たりにして「本当に自分がやりたいことは何なんだ？　それを今やらずしてどうする」と内なる声に問われたとき、自分自身に確固たるものがなかったせいか、「息子を思う存分、私鉄の本場関西の電車に乗せてやりたい」と思ってしまったのだ。それは想像もしていなかった展開、転んでもただでは起きない、というか転んで起き上がったら関西に行ってしまったのである。自分でもビックリした。

……

ことは否めないと思う。

僕は、大きな災害を目の当たりにして「本当に自分がやりたいことは何なんだ？　それを今やらずしてどうする」と内なる声に問われたとき、自分自身に確固たるものがなかったせいか、「息子を思う存分、私鉄の本場関西の電車に乗せてやりたい」と思ってしまったのだ。それは想像もしていなかった展開、転んでもただでは起きない、というか転んで起き上がったら関西に行ってしまったのである。自分でもビックリした。

僕ら夫婦は、実のところ結婚した当初から「半年先のことはわからないよね」といつも言い合って暮らしていた。それでも当初は、今から見ればまだ安定した生活をしていたんじゃないかと思う。一九九九年にイグアナのイグちゃんがやってきて、世紀をまたいだ頃から、本当に何がなんだかわからなくなった。僕がスーパーサラリーマンになったり、うつ病になったり、うつ病について相棒が描いた漫画のおかげで主夫になったり、コドモを育てたり、そして今はエグゼクティブなビジネスパーソンのように新幹線に乗ってしょっちゅう移動したりしている。ただしコドモとベビーカーとお着替えオムツ一式にリクガメまで携えて、である。

僕たち夫婦は、自分たちが他の人に比べて、なんだか特別に要領が悪いのではないかと思っていたこともある。だから半年先のことはわからないのだと。でも、多少の差はあれ、おそらく今の社会に暮らしている人たちは、急速に先が見えなくなりつつあるのだ。それは僕たちだけのことじゃない。

今もまた、半年先のことはよくわからない。大きな余震や、活発期に入ったかもしれないという日本列島を襲う地震の恐怖はひとまず後退したが、原発事故の収束は見られていない。放射性物質は依然飛散を続けていて、半年先にどういうことになっているのか、これまた想像ができない。いきなり関西暮らしを始めたというのは僕たちの事情にもよる個人的な変化だが、環境や社会情勢を含めて先の見えない時期になってしまったというのは、今の時代の日本社会で生きる人たちだれもが共有している不安だろう。

実際のところ、世界が僕たちにもたらしてくれるものは「変容」という姿でやってくる。そこには良いも悪いもない。僕らの心がどう捉えるかということに過ぎない。その変化に気づきもしなければ、それは「兆候」という、後から考えれば思い当たるという小さな変化でしかない。しかし、あるとき、決断を迫られる大きな「変容」として目の前に現われる。それをわざと「無視」して、日々を生きていくということも可能だろう。だけど、大きな「変容」は「無視」すれば必ず別の形に姿を変え、また「変容」として突きつけられてくる。それをも無視し、自らの非力のみを嘆きながら生きていくことも選択としては可能だ。しかし、通常は大きな「変容」が自分の心にとって「不運」と考えられる場合に、それに立ち向かって行くか、逃げ出すか、別の「変容」を起こすか決断を迫られるだろう。

ここで言う「変容」は、米国のオバマ大統領の言う「チェンジ*」と同じようなものかもしれないし、預言者モーゼが受け取った絶対神からの託宣・命令のようなものと取ることもできる。

それが、僕らが世界から受け取る、想像もつかないプレゼントというやつだ。

息子はあいかわらず僕と一緒に寝ている。暑苦しい夏なのに、僕が寝ている横にわざわざピタッとくっついてきて、僕の顔を撫《な》でる。夜泣きしたとき、不安になったとき、真っ暗なとき、息子は僕の鼻の下のヒゲを撫でて、僕の顔を確認して安心するらしい。いわゆる「おかあちゃんのオッパイ」みたいなものなのかもしれない。でもそれがヒゲだなんて、ちょっとおかしいよね。

そして、息子は最近達者になってきたお喋りを使って、僕に愛を語りかけてくる。

「パパ、パパだいしゅき。パパだいしゅきよ。パパはかわいいコねえ」

*チェンジ

米国の第44代大統領、オバマ氏（バラク・フセイン・オバマ・ジュニア）が大統領候補者のときに選挙戦を通じて効果的に使ったキャッチフレーズ。オバマ氏は米国では常に差別され続けた黒人（アフリカ系移民の子孫）の血が入っているため、彼自身が大統領になるということが、アメリカという国の自由と平等が初めて実現する「チェンジ」であるという意趣も含められていたと思われる。もちろん、それだけじゃなくて、共和党政権の間に停滞した政治・経済・福祉などを「変革」しようという意味も込められていただろう。しかし、一番大きなメッセージは「（9・11テロ事件に前後して）世界はこんなに変容しているのに、私たちが変わらなくてどうする」というものだったと感じる。選挙選は二〇〇八年を通じて行われていたので、ちょうど僕たちが〇歳児育児に振り回されていたときとシンクロしていた。我が家では、息子が伝い歩きを始めたときのビデオに、相棒が「オバマが勝ったよ」と新聞を振りかざして帰ってくるというシーンが収められている。

うーん、パパは可愛くないし、コドモでもないんだが。

この人生で育ってしまって声変わりした頃から、誰にも可愛いとは言ってもらえない人生だったのだが……まあ、まんざらでもない。でもちょっと違うぞとは思う。世のお母さん方は、自分のコドモにこれを言われると、うっとりと籠絡されてしまうのかもしれないと思う。しょうがないので言ってやる。

「ああ、ちーと君もかわええ。かわええコや。パパもちーと君が大好きやあ」

そしてぎゅっと抱きしめてやる。息子は「エヘホホホ」と笑う。笑い声は赤ちゃんの頃と同じで、とても大きな声だ。それから二人で掛け合いで「だいしゅき、だいすき」と言い合っている。相棒がいて、そんな二人を見ると「君らは仲良しやなあ」と声をかけてくることもある。ときどきは相棒も息子に「ハハはかわいいコね」と言ってもらっている……。

パパのお仕事は、今のところちーと君をシアワセにするお父さんであることだ。

まだまだ、頑張るぞ。

特別企画

ツレとダーリンの子育て対談

望月　昭《ツレ》　＋　トニー・ラズロ《ダーリン》

トニー・ラズロ

ハンガリー人の父とイタリア人の母の間に生まれ、米国に育つ。自他ともに認める語学好き。1985年より日本を拠点とするフリー・ジャーナリストとして英語と日本語で記事を書く。1994年から多文化共生を研究するNGO「一緒企画（ISSHO）」を運営。『ダーリンは外国人』（小栗左多里著）などをはじめとする作品で、ダーリンとして登場している。一児の父。著書に『トニー流幸せを栽培する方法』（ソフトバンク クリエイティブ）がある。

子ども同士が出会える場

望月　うちの息子も3歳半になりました。いまだ偏食が強くて体重は11キロ。ちょっと小さい。いずれ大きくなるんでしょうが、仮に小さいままでもマイケル・J・フォックスのように高校生でも小学生の役のできるタレントにしようかなって冗談で言っています。

トニー　（笑）。トニーニョはそろそろ6歳になり、少しずつ親が答えにくい質問が多くなってきたね。雨がどうして降るのとか、カミナリがどうして鳴るのとか。基本は科学的に説明しようと思っています。親もわからなければ一緒に調べるとか。だけど、それだけじゃ味気ない。雲の上で鬼が太鼓を叩いているなんてフィクションも交えようかな。

望月　トニーニョの質問、なかなか鋭くなってきましたね。ちーとはいま電車に夢中です。父子で関西の電車をあちこち乗りに出掛けています。文字も数字もわからないのに、どの電車の型式も言い当てるんです。車体の色が塗り替えられていても「あれは○○だね」とわかる。最初はすごいなと思っていたけど、最近はそれがちょっとうっとうしい（笑）。

トニー　トニーニョが小さいころからのめり込んだのはジグソーパズルですね。パズルを裏返して、形だけで組み立てていたときもあったね。

望月　それはすごい！

トニー「天才かもしれない」と思った。でも、その一度だけだったからね（笑）。

望月　トニーニョは近所に友だちがいますか？　ぼくと息子が宝塚に住んで3か月ですが、まだ友だちができません。友だちを作るのはうまいんです。商業施設で同い年くらいの子と知り合いになって名前も覚えて帰ってくる。しかし二度と会うことがありません。

トニー　近所に子ども同士が知り合える場所がないのが問題ですね。うちも保育園やサークルなどには友だちがいても、同じマンションの子どもとは遊べていません。同じ棟に子どものいる家庭は何軒かあるんだけど、ロビーにはわざわざ「ここは遊ぶところではない」と貼り紙がしてあります。そこでしか子ども同士が出会えないのに。マンションの前はクルマが通って危ない。

望月　ぼくも日本は子育てがやりにくいなといつも感じています。

トニー　それで近隣の子育て家庭とコミュニケーショ

ンをとる、いろんな工夫をしています。私の母の国、イタリアの風習にならってバスケットに糸をつけて窓からおろして届け物をするとか、近所の子どもたちを集めて天体観測をするとか。

望月　子ども同士の出会いの場として公園があります。ところが公園に出かけても、3歳くらいだとお母さんが面倒を見ていますから、大人の関係抜きに子どもだけで友だちにはなれません。親同士がぎくしゃくすれば子どもたちの関係もスムーズにいかないんですね。

トニー　仕方ないことかもしれませんが、日本の公園は禁止事項が多いですね。ボールを投げてはいけないとか木登りはダメ、穴を掘ってはいけないなどですね。でも最近は、いい感じの公園もちらほら出てきました。うちの近所ではないですが、木の上に小屋を作って遊べたり、キャンプファイヤーもできたりする公園です。ちょっと危険なこともあるけど、親も子も気をつけていれば大丈夫。そして手助けしてくれるスタッフもいます。

望月　公園一つとっても、日本は子育て世代に冷たい社会だと感じます。恐らく人口が一番多い団塊の世代にとって「子育ては過去のこと」だから、政治も経済も「子育てはもう終わったこと」として回ってしまっているんだと思います。

トニー　東京には子どもを連れて入れるレストランが多いのは助かるけど。

望月　そこはいいところですね。ロンドンやパリだとそうもいきませんから。

保育園と幼稚園

望月　日本では3歳と6歳は節目の年です。3歳で幼稚園などに通い始め、6歳で小学校に上がります。3歳に付け加えればオムツが取れ、ベビーカーに乗れなくなる歳でもあります。ところが息子は全部しくじってしまった（笑）。オムツは取れず、小さいからベビーカーに乗せ続けている。保育園に通うのを嫌がったので、僕が全面的に育児をする、以前のスタイルに戻ってしまいました。

トニー うちの子も保育園にはなるべく行きたくないタイプ。保育園に通うより旅が好き。旅の間は、親は忙しがっていても遊んでもらえる。でも長い旅から帰ると「保育園もいいな」と（笑）。同年代の子と遊ぶのも好きだから。子どもが保育園に行きたくない理由もあって、たとえば保育園は一日が長いのに室内にいることが多いんですね。

望月 やっぱり収容施設なんですよ、保育園は。子どもが社会のじゃまをしないように隔離しておく。

トニー 2、3歳の子はダンスをしたり走りまわりたい年頃だけど、それができない。しかられちゃう。母親が仕事で育児ができないから、保育士が代わって面倒を見てやるんだという福祉感覚が残っている、という意見も聞きますね。

望月 親として、ここはできれば通わせたくないと思った保育園もありました。

トニー 保育士の仕事も大変なんでしょう（笑）。子どもがコケてケガをしないように気をつけているんでしょう。でも、コケない子どもなんていないからね（笑）。あと、小学校に上がったときに、きちんと先生の言いつけを守れるようにとか。

望月 収容所でも、うまくごまかして子どもに楽しいと勘違いさせている腕のいい保育園もありますが（笑）。

トニー　私立でもグラウンドがなくて一日中、室内で読み書きさせているところもありますね。親は楽しく遊べる環境を望んでいると言いながら、実はマナーを覚えたり、本が自分で読めることを期待しているのかもしれないですね。保育園も遊ぶことより勉強のほうが保育料に対する成果を示しやすい。だけど2、3歳でそれが最優先されるべきかはわかりませんね。

望月　ちーとの保育園を選ぶとき、自分が子どもになって見てまわりたいと思いました。

トニー　それから保育園にもう少し教育的な要素があってもいいと思います。保育士は「それは私たちの仕事ではない」と言うでしょうけどね。幼稚園のほうは年齢にあった教育をしてくれるけど、こっちはこっちで帰ってくるのがあまりに早い。9時に出かけたと思ったら、お昼すぎにはもう戻ってくるとか。共働きの

家庭だと幼稚園は選び難《にく》いですね。

望月　幼稚園はお父さんがサラリーマンでソコソコ稼ぎがよく、お母さんは専業主婦で幼稚園の行事を手伝える家庭の子が行くところと決まっちゃってる。保育園は両親が共働きで、二人とも家にいない。うちのように両親が二人とも家にいることが多かったり、父親が〝主夫〟という変則的な家庭はどちらへ行けばいいかわかりません。

旅と母語

望月　ちーとは保育園に行っていないから、ぼくと過ごす時間が長い。考えてみれば、うちのように父子がいろんな電車に乗って出かけるのはふつうはできない体験です。最近、そんな状況が「家なき子」に似てい

るなと思うんです。子どもが旅芸人の老人や犬、猿と一緒に移動しながら成長していく物語ですね。ぼくはまだ老人じゃないけど（笑）、昔から母親が家庭で子育てするのではなく、父子が旅しながら育児をするスタイルが世界中にあったと思うんです。トニーさんのところもよく旅に出ますね。

トニー　トニーニョは0歳のときから飛行機で旅をしています。先頃も2か月間、欧州を旅行してきました。

望月　旅の中で父親が教えられることがたくさんあると思うんです。子どもに路線図を説明し、切符の買い方を教えられるのは親しかできません。トニーさんは旅で何かを教えていますか。

トニー　旅から帰ってですが、地球儀を使い、この間はここまで旅をしたでしょ、ここは朝で、こっちは夜でしょうと教えていますね。そうやって世界と子どもを大きくつないでやれば、自分の存在

をより深く意識するようになると思うんですね。

望月　トニーニョをインターナショナルな感じで育てたいと思っているんですね。うちはそこまで国際的ではないですが、宝塚に住んでからは息子に関西弁を仕込んでいます。朝から晩まで関西弁で話しかけ、テレビもわざと関西ローカルの番組を見せているんです。まだ「ちゃう、ちゃう」とか「なんでやねん」と片言ですが、だんだん関西弁っぽくしゃべるようになりました（笑）。

トニー　標準語も話せて、関西弁もしゃべるのはとても得だと思いますね。方言がちゃんとした日本語でないとか、発音が汚いと主張する人もいますが、言葉として〝濃い〟のかもしれない。いろんな言葉があるのが豊かな人間文化だと思います。

望月　トニーニョの母語は何ですか？

トニー　3歳になる前は日本語ばかりしゃべっていました。英語も理解はできている感じだったんだけど。それが3歳のとき、私の父が育ったハンガリーの小さな村に行ったことをきっかけに変わりました。母親が先に帰国し、私と息子の二人だけが1か月間そこに残ったんですね。親戚はみんなハンガリー語だから、息子が頼りにできる言語は父親が使う英語しかないんですね。それからは英語も積極的に話すようになり、いまは日本語も英語も活発に使うようになっています。

望月　英語と日本語がマザーランゲージ？

トニー　どれが母語になるか、よくわかりませんね。うちの子みたいに母語がはっきりしない、あるいは複数もつこともあります。大人には、英語と日本語が両方使えて親とコミュニケーションしてほしいという願望があると思います。でも実際は母語をもたないといけないってことはないかもしれない。

望月　来年は小学校に上がるわけですが、日本の小学校ですか？

トニー　難しい問題ですね。海外の小学校に入れるという選択肢もありますけど、その場合、日本語の読み書きをどう身につけるかなど、いろいろな課題があります。

望月　うちは入学までまだ余裕があるし、せいぜい関東に住むか関西に住むかを選択すればいいわけですが。

トニー　何語を使う小学校にするのかで子どもの人生が変わるとも言えるんだけど、子どもはそれなりの感性をもっているから柔軟に対応していくとも考えられる。よい決断をしたいんだけど、難しいんですよね。

テレビとしつけ

望月　子育てで難しいのがテレビとの付き合いです。ぼく自身は子どもの頃、テレビはかなりコントロールされて育ちました。でも小4くらいになると、こっそり隠れて見たり、友だちの家で見るようになったので、コントロールしきれるものではないとは思っています。

トニー　うちはかなりコントロールしています。生放送は見せないし、ザッピングは禁止です。テレビを子ども任せにするのはよくないと思いますね。放っておくと平気で5時間くらい見てしまう。子どもが遊ばなくなります。旅に出てテレビのない環境におくと、人形に役割を与えて遊び、自分の世界をつくっています。

望月　DVDですが、親が仕事に熱中して、ふと気がつくと6時間も連続もののアニメを見ていることがあります。

トニー　テレビは工夫して使ってやればいい媒体にもなります。親が番組を選択して見せてやれば、子どもの成長につながることもあります。親には選択してコントロールする賢さが必要だと思いますね。

望月　相棒はテレビ見放題の環境で育ったので、最初はコントロールの必要性を理解していなかったけど、一緒に子育てする中で、やはり野放しはいけないと思うようになってきたようです。

トニー　面倒だけど話し合いが必要ですね。うちは育った環境も違うし、彼女は彼女が育った時代の日本の当たり前があり、私には私の常識がある。私はマンガが描けないから彼女の常識外れを世間に公表できないけどね（笑）。

望月　相棒からは、息子にちゃんとした日本人の常識を身につけさせてと言われているけど、ぼくがちょっとズレてしまっている（笑）。

トニー　あと、しつけで気になるのが親の言動が必ずしも一致していないところです。「やめなさい」と口では注意しながら、子どもの行為を止めないことがあります。すると子どもは「ノー」には「ダメ」以外の意味があると思ってしまいます。子どもが癇癪《かんしゃく》を起こしたりすると親は困っちゃうから、癇癪が収まるように子どものいいなりになってしまっていることもよくあります。

望月　うちは子どもが癇癪を起こすと、ぼくがもっと大きな癇癪を起こしてしまう。あまりよくないですね（笑）。

トニー　（笑）。ペナルティがあったほうがいいと思いますね。たとえば遊び終わったオモチャを片付けないと、見たいDVDを見る時間がなくなるよ、とか。「時間がなくなる」と言われれば、子どもは見られなくなったのは自分が片付けなかったからだ、とわかりますね。つまり、その因果関係が見えてきますね。

望月　3歳くらいになると、そういうことが少しずつ理解できるようになってきますからね。

なぜ　うちはよそと違うの？

望月　この本のタイトルは「パパ、どうしてお仕事いかないの？」です。息子がそのとおりに質問してくることはないでしょうが、僕が子育てをしていますし、「どうして、よそと違うの？」と尋ねることはあると思うんです。

トニー　けっこう聞いてきますね。うちはクルマがないんだけど、「どうしてないの？」とか。

望月　そんなときは、どう説明するのですか？

トニー　説明することも大事ですが、いろんな家庭に出かけるといいと思います。母子家庭や父子家庭、父親が外国でずっと働いていて家にいない家庭とか。いろんな家庭を見せて、多様性を感じてもらう。うちは二人とも家にいるから、トニーニョから「ぼくも保育園に行かず、ここにいる」と言われ窮することもありますが（笑）。

望月　う〜ん（笑）。うちも親が二人とも家にいて仕事をしていない日もあります。子どもだけに毎日保育園や学校に行けと言っても説得力がない。

トニー　一つ、説得の材料があると思うんですね。一つは子どもが保育園に行っているから家で仕事ができ、そのおかげで屋根の下で暮らせるし、美味《おい》しいものも食べられる。でも小さい子には、稼ぐ瞬間が見えないんですね。「アッいま稼いだ」って（笑）。この屋根付いていなかったらどうなると思う？　って諭したりね。

望月「僕が保育園に行かなかったら屋根がなくなっちゃうの」って（笑）。

トニー　勘違いしちゃう（笑）。

望月　子どもが家にいたら仕事は減るかもしれないけど、いられたら困るとは親として言いにくいし。

トニー　お金ばかりが重要とは思ってほしくないところもある。もう一つが、家では学べないことを保育園で身につけてほしいから。

望月　それを聞いて、トニーニョはなんて言いました？

トニー「で、本当の理由は？」と聞かれた。いまでも、それには答えられていませんが（笑）。

構成―大下明文　撮影―菊岡俊子
イラスト（ダーリン）―小栗左多里

あとがき

この本に収められている文章は、2010年の4月頃に書いたものが最初で、2011年の7月に書いたものが最後になっている。幻冬舎のウェブサイトで「コドモ大人化プロジェクト」の題名で連載していたものだ。それまでの経緯は、既に『育児ばかりでスミマセン。』として刊行しているので、その続編ということになる。

前回の書籍では、0歳児から2歳児になるというところまで。なんというか「育児」の領域を男親が主に担ってみたという、画期的な本でした。「産育分離」という考え方を提唱してみたりなんかして。

でも、今回は始まったところがもう2歳。育児というには大きくなってしまっているので、「子育て」という呼び方をしてみた。父親が子育てする、そんな本である。お仕事にはいかない。でも、「パート主夫」の申請をして、子育ての作業の何割かは週三回通う保育園に任せてしまった。自由になった時間を使って、いちおう少しお仕事らしきこともした。でも、むしろ胆石症に悩まされたり、いろいろ個人的に気が散ってるようです。

まあ、そんなこともあったが、コドモは順調に育ち続け、リトル鉄道オタクになったりもする。親から一方的にいろいろなことを押し付けていたのだが、コドモのほうから親にも働きかけが出てきたのであった。順調な成長です。

しかし、平穏な子育て風景が一変してしまうのは、2011年3月11日の東日本大震災。その日を境に、いろいろなことがもうとてつもなく大きく変わる。

日本という国は、いろいろ弱点があって、それを正そうとしつつ正せないうちに大震災に被災してしまった。そういう歪みもいっぺんに出てきた。

もともとコドモを育てることに重きを置いていない状況だったのだが、震災後はもう本当に「子育ては自己責任でやってよ」という空気になってしまった。土地、水、食料などが「大人にとっては安全」（コドモにとっては毒かもしれない）という基準で計測されている。それどころか、あきらかに危険と考えられる地域にコドモが留め置かれたり、危険な食品が全国の学校給食で供されたりしている。

そうした状況に怯えつつ、発育の遅い3歳児を持つ我が家の場合も、震災による液状化の被害から一時退避して、関西滞在をした。そして戻りにくい状況のまま、今日もそれを続けている。そういうのが、取り越し苦労だったという笑い話になることを、強く望んでいるんだけど。

震災や自然災害は必ず襲ってくるものだということは、頭ではわかっていた。原発の事故だって、あり得ることだったのだ。そういうものが起こってしまったのは仕方ない。事故前には戻れない。大きな災害は既に起こってしまった。さらに、問題なのは日々まずい対応が拡大し続けていることだ。それは前著『育児ばかりでスミマセン。』のときに書いた「新型インフルエンザ騒動」でも露呈していた。行政やマスコミの情報の非開示や恣意的な運用、是正されない不公平は、今回の災害時にも顕著に見られている。今を思えば、かつてのあの苦い体験があったからこそ、今回は早々にコドモを守るための行動を取ることができたんだとは思う。まあケガの功名というやつだろうか。酸っぱい功名だけど。

僕は、単なる子育てエッセイとして、面白おかしい話を書き続けていたかったんだけど、やっぱりそれだけでは終われない。自殺者が毎年三万人以上出るのも、コドモを産んで育てようという希望が抱けないのも、災害のときにガチャガチャになってしまうのも、この国は国としての基本が歪んでしまっているんじゃないだろうか。富めるものをさらに豊かにするだけの経済発展なんか、いまさら目指すべきものじゃないだろう。それよりも、すべてのコドモが、ごく普通のちゃんとした大人に育っていける国を作ろうよ、と言いたい。

この国が歪んでしまったのは、僕の立場から発言すれば、コドモを育てたことのないオジサンたちが長く政治や経済を担ってきたからだと思う。政治や経済にも、いまやコドモを育てたことのある人の感覚が必要だろう。そして、人間のひとりひとりを大事にしたい。だれだってコドモだったのだし、大人の手をわずらわせて大きくなったのだ。そして、今いるコドモなくして未来というものはあり得ないんだ。

最後になるけど、今の僕にとっては、コドモを育てながら文章を書いていることが自分にとっての存在意義でもある。だから、コドモがちょっと大きくなると、少し前のことをきれいに忘れてしまっていることも多い。文章にして書いていることで、そのとき感じた強い思いを記録しておくことができる。そんな文章をエッセイとして発表する場を与えてくれた幻冬舎には本当に感謝している。コドモを育てるのは未来のため、文章を書いているのは、今を未来につなぐため。どちらも一筋縄ではいかない仕事だけど、なんとかやりくりしている。また、このエッセイを書籍化するにあたって、担当編集者の竹村優子さん、将来有望な大熊悠介さんにお世話になりました。本当にありがとうございます。僕の本をお願いすると斬新な直観が閃く天才デザイナー守先正さんにも大きな感謝を（本文中に出てくるハリス著の『子育ての大誤解』も守先さんのブックデザインだったということがわかり、なんと一冊いただいてしまいました。今読んでいます）。そして、対談を快く引き受けてくださった、トニー・ダーリン・ラズロさん、僕と僕の子育てを支えてくれている皆さん、本を読んでくれた皆さんに、本当に本当に感謝したいです。ありがとう。

二〇一一年　盛夏　　望月　昭

〈著者紹介〉
望月昭　1964年生まれ。幼少期をヨーロッパで過ごし、小学校入学時に帰国。セツ・モードセミナーで細川貂々と出会う。卒業後、外資系IT企業で活躍するも、ある日突然うつになり、闘病生活に入る。2006年12月に寛解。現在は、家事、育児を一手に引き受け、鉄道オタクの息子といろいろな電車を乗り回すことを楽しみとしている。著書に『こんなツレでゴメンナサイ。』(文藝春秋)、『育児ばかりでスミマセン。』(小社)がある。

本書は、「Web Magazine 幻冬舎」(vol.222～vol.251、2010年4月～2011年8月)に連載された「ツレ＆貂々のコドモ大人化プロジェクト」を改題・加筆したものです。

パパ、どうしてお仕事いかないの？
2011年9月10日　第1刷発行

著　者　望月 昭(てんてん企画)
発行者　見城 徹

発行所　株式会社 幻冬舎
〒151-0051 東京都渋谷区千駄ヶ谷4-9-7

電話:03(5411)6211(編集)
03(5411)6222(営業)
振替:00120-8-767643
印刷・製本所:株式会社 光邦

検印廃止

Printed in Japan
ISBN978-4-344-02047-4 C0095
幻冬舎ホームページアドレス　http://www.gentosha.co.jp/

この本に関するご意見・ご感想をメールでお寄せいただく場合は、
comment@gentosha.co.jpまで。